U0026261

日本神諭占卜卡

來自眾神、精靈、生命與大地的訊息

• 精裝書盒 • 53張日本神諭卡 • 牌之奧義書 • 卡牌收藏袋

大野 百合子——著　大野 舞（Denali）——繪圖

歐凱寧——譯　三橋 健（神道學博士）—監修

日本の神託カード：神々と精霊、いのちと大地からのメッセージ

本書及卡片中所提及之神名，
皆盡力忠於典故；
然而為求講述方便，
會使用簡稱或現代化的稱呼。

目錄

擺牌範例 19

卡牌說明

眾神

精靈

生命

大地

前言

日本，是受到森羅萬象八百萬諸神庇佑的大和國度。日本人信仰著湖、風、山、樹等萬物都寄宿著神靈或精靈。古時日本人即明白，創造整個宇宙的神聖能量源頭，遍布在萬事萬物之中。

人類對自然事物與現象中所包含的智慧表達敬意，不僅敬畏、同時也小心翼翼地保護著。「感謝萬物」的心意，深深形成我們的意識基礎；而這樣的思想，依舊流傳在我們的日常生活、節慶與儀式中。

在宇宙形成的時候，物質能量與靈魂同時誕生，物質走上進化之路，並不斷回歸源頭；而寄宿在單一原子中的意識，則隨著悠久的時光不斷變換，邁向下一種可能——龐大的神聖能量源頭，正以千變萬化的形式在地球上表達自我。

原子聚集成石塊，石塊聚集成巨岩，巨岩聚集成大地與山頭，並且形成山脈。正如指甲是手指的一部分，手指是手掌的一部分，手掌是手臂的一部分，各部位的意識互相碰觸，聚合而成更強大的意識與更崇高的智慧。

天地萬物擁有了能洞察整個地球與全日本一切事物的智慧，因此天地萬物所傳達的訊息也充滿意涵，對於實現我們的心願有極大幫助。

「日本神諭占卜卡」即包含我們自古以來所珍惜的創造宇宙天地萬物的智慧與知識，分爲四大支柱（類型）。

天地萬物接受了人類祈禱的能量，將會昇華到最強大的次元，成爲眾神的能量。

精靈們則從自己的次元與人類世界交流，並且幫助我們。精靈寄宿在動物、植物等有生命的事物之中，也寄宿在水源、大地等祈禱場所之中，它們的能量就是眾神的能量。

而我又加了一張卡牌來象徵自己的本質，也就是「分御魂」牌。只要心中抱持明確的疑問，並誠心翻開卡牌，蘊含能量的四大支柱，就會對現在的你提供準確的建議。

我們人類具有永恆不滅的靈魂能量，叫做「直靈」。正如宇宙創造當時所誕生的能量，直靈亦寄宿在會進化的物質之中，也就是我們生存於地表的肉身。我們與天地同根同源，並且組成巧妙搭檔。天的能量是魂，大地的能量是肉身，兩者攜手合作——而人類就是連結天地的棟梁。

我們身邊盡是大自然的能量以及有名的眾神，請你透過這副卡牌冥想，與神明和能量聯繫。當彼此的聯繫愈強時，魂與身之中的肉身就會與大自然的循環相呼應，讓我們愈來愈祥和。當我們心中的宇宙與天地合而爲一時，意識自然會覺醒。

請先打開你的五覺，專心與周圍的世界溝通。專注於你的視覺、聽覺、觸覺、味覺、嗅覺，這麼一來會更容易連結肉眼看不見的能量。接下來，我們要體驗到天地萬物都具備理智與意識。

例如試著在同一個時間買下兩件完全相同的衣服，全心全意去感受其中一件衣服的神靈，然後將另外一件衣服當成普通物質來看待。經過一段時間，你會發現相同的東西卻有著驚人的差異。

我們所接觸的一切人事物，都來自於「源頭」的能量——當你用全身的感官去體會時，將會大大改變自己的人生。你會發現海、山、風、祖先，甚至見過的所有人，都成爲你強大的後盾。

「日本神諭占卜卡」分成四大支柱（類型），從貼近天的能量到大地的能量，用途十分廣泛。如果計畫去旅行，只要挑出十三張大地牌，就能找出最適合你的旅行目標。

如果你覺得「身體不太舒服」，使用十三張生命牌，或許能找出活化肉身的

線索。

除了四組五十二張牌之外，還加入一張算是全能的分御魂牌，使用卡牌時，請把此張牌一起放進去洗牌。只要各位能使用這副牌，找出自由又獨特的用法，玩得開心愉快，就是我的榮幸。

日本是受到八百萬諸神庇佑的國家，而「日本神諭占卜卡」中五十三張牌的能量與日本的波動息息相關，希望能讓你深入連結森羅萬象的大智慧。

祝福使用這副牌的朋友，能獲得日本諸神與森羅萬象所賜予的平衡與調和。

在前言的尾聲，要感謝國學院大學研究所的三橋健教授，在百忙之中願意爲我們監修這副牌。

接著由衷感謝 Visionary Company 有限公司的大塚和彥社長，大方答應我的要求，並全力幫助我將精靈的訊息傳播給大家。有大塚先生的願景，才讓《日本神諭占卜卡》化爲現實。

謝謝我的朋友舞，陪我旅行收集資料，並導引著卡牌能量替我作畫。有妳共度人生眞是幸運。

而龍音堂的宮澤大樹先生給我動力，讓我一路從取材走到完工，實在感激不盡。

最後再次感謝所有神靈、精靈與靈魂嚮導們，將「日本神諭占卜卡」送到世界上來。彌榮！*

大野百合子

*編註：彌榮（いやさか，讀音 Iya sa ka），有更加繁榮、愈發興盛之意，與日文中的「萬歲」意思相近，多用於祝賀好事時。

使用卡牌之前

「日本神諭占卜卡」的使用方法

日本神諭占卜卡是一項好工具，可以幫助你連結對自己有益的能量。請依直覺自由發揮。

開始利用卡牌

第一次使用這套牌的時候，請向牌本身，以及與牌連結的眾神和精靈打聲招呼。

請將牌一張張拿起來，看著圖畫，連結從圖畫中散發的能量。使用卡牌的次數愈多，與卡牌本身的精靈就會更親近、更有共鳴。

「日本神諭占卜卡」分爲四大類型（四大次元），每一類都有頂牌*與另外十二張牌，最後再加上一張分御魂牌。

1. **衆神牌**：強大神靈的能量，與生活息息相關。

2. **精靈牌**：妖精與精靈們的能量。

3. **生命牌**：動物、植物、昆蟲等具有生命的事物，都有靈魂能量。

4. **大地牌**：寄宿於實際地點或事物（如瀑布或節慶）的靈魂能量。

＊分御魂牌：你心中的神，也就是分御魂的能量。

各組牌從眾神到大地，逐漸接近三度空間的波動。只要卡牌沒有指定特地事物或地點，本書都會解釋其原型的能量。具體來說，就算都是瀑布，波動也會不同。

＊編註：頂牌，即每一類型的第一張牌。衆神牌的頂牌是「源頭」，精靈牌的頂牌是「復甦的鳳凰」，生命牌的頂牌是「神聖屋久杉」，大地牌的頂牌是「富士山」。

而當你實際到達該地，或者親眼見到動物，請敞開心胸，試著連結它們特有的波動。

醒牌

當你第一次要使用「日本神諭占卜卡」時，請先把牌「喚醒」。

用雙手捧住整套占卜卡，調整呼吸，從心中發出感謝與喜樂的能量灌輸到卡牌中。然後洗牌，向牌打招呼。

用完之後也一樣，以感謝與喜樂的能量包覆整套占卜卡，如此一來可以淨化卡牌。

導牌

這套牌使用的方法基本上就是講求簡單。

1. 放鬆身心，感覺自己處在平穩的中心點，試著連結神靈、精靈與森羅萬象的能量。

2. 決定問題，邊在心中發問邊洗牌。

3. 將卡牌在面前攤開成扇形，用比較容易連結直覺的左手來選牌。

當你要對人導牌時，也可以由解牌人洗牌，發問人選牌；如果由發問人自己邊想問題邊洗牌，會更容易連結能量。發問人的能量會進入解牌人的內心，解牌人則能連結能量來進行導牌。

4. 抽牌之後，請拿著卡牌、看著圖案，並且慢慢呼吸。當你連結了卡牌的能量，就會直覺感受到訊息。請利用你的直覺，自由地接收訊息。你將會收到最適合自己的建議。當然也可以參考書中的說明，必定會產生更多的靈感。

琢磨直覺

日本傳統呼吸法

1. 先將氣全部吐光，以丹田呼吸、用鼻子吸氣（也就是腹式呼吸），把整個肺全部吸滿氣。（此時請想像以全身吸收神氣，灌注至丹田。丹田位置約在肚臍下方三指寬的位置）

2. 吐氣時請嘟嘴，盡量吐得又細又長、又長又慢。此時你的猶豫和壓力會隨著吐氣而釋放出去。

3. 請感受全身內外逐漸充滿了生命能量，也就是純淨的神氣。

用牌冥想

抽牌之後請用手掌夾住，調整呼吸，連結卡牌的能量。如果抽到的是屋久杉牌，請呼吸那股能量，將意識帶往屋久島，就好像你正站在屋久杉底下。想像會轉變為真實體驗。

擺牌範例

抽一張牌

1. 抽出你直覺喜歡的一張牌，或者選擇洗好牌之後最上面的那張。在決定當天的建議與計劃之前，請先接收針對特定問題的必要訊息。

2. 請挑選自己想連結的次元，從該次元的十三張卡牌之中挑選一張。

針對現在想要與其交流的次元抽牌

1. 從四張頂牌之中抽出一張，決定你要連結的次元。

2. 再從該頂牌類別的卡牌之中抽出一張建議。

抽兩張到三張牌

隨意抽自己喜歡的牌。或者洗完牌之後，依序從最上面抽出幾張亦可。

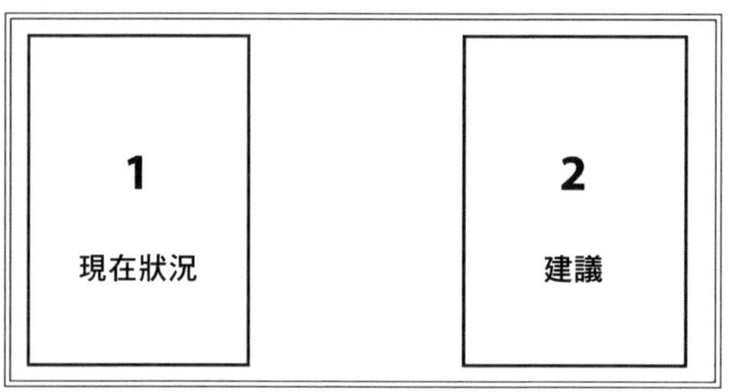

抽兩張牌

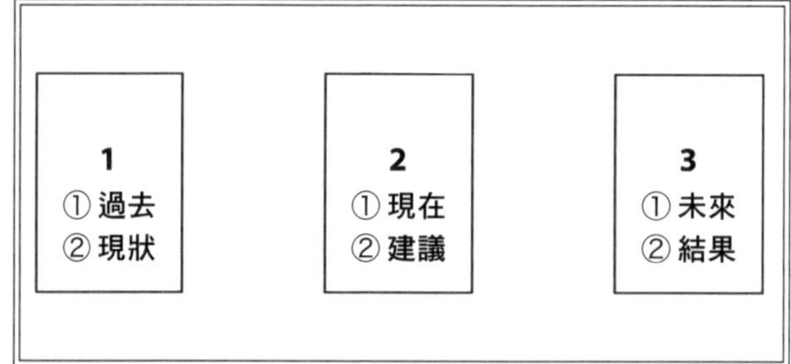

抽三張牌

逐一接收四個次元的訊息（抽四張牌）

●鑽石擺牌

先將牌分爲四類，每類各抽出一張。

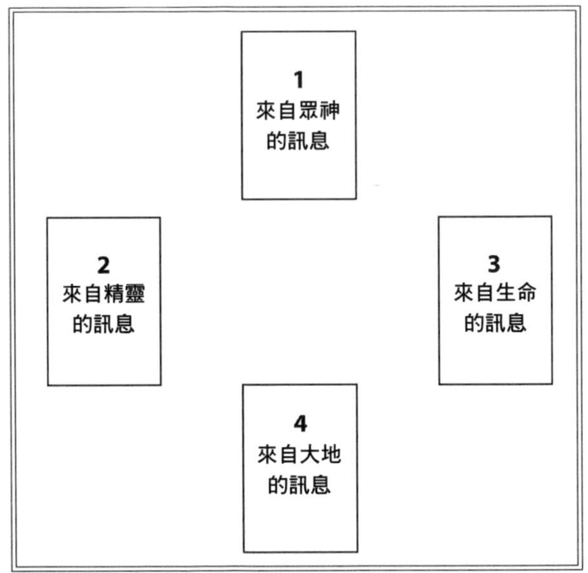

鑽石擺牌（抽四張）

抽五張牌

●富士山擺牌 I

了解對方與自己的關係。

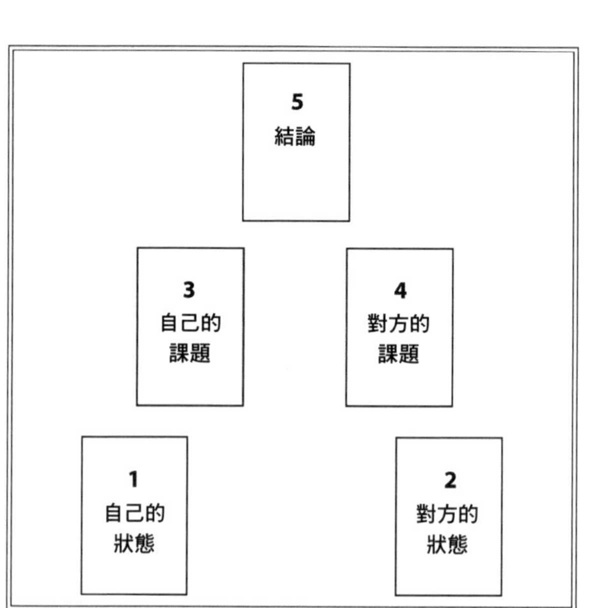

富士山擺牌 I（抽五張）

抽七張牌

●富士山擺牌II

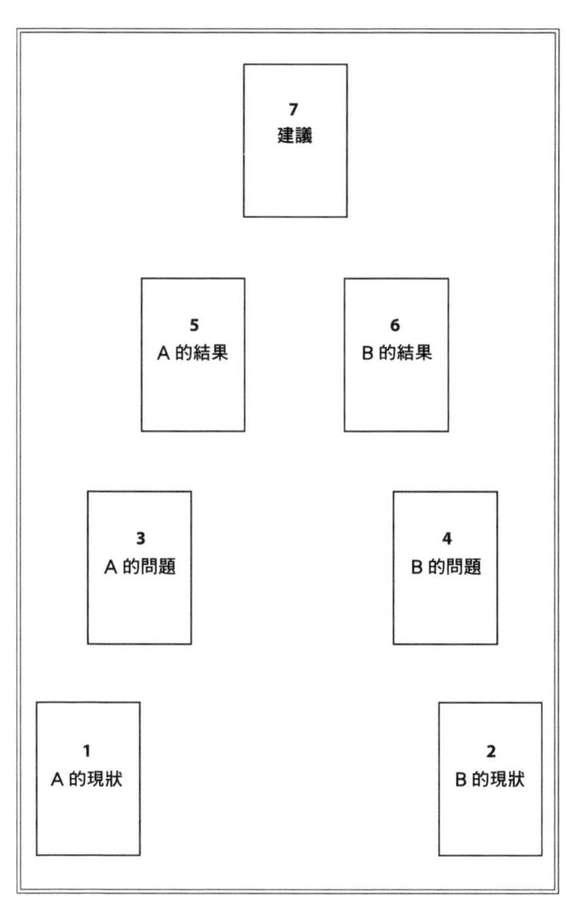

富士山擺牌II（抽七張牌，二擇一）

從兩個選擇或方向中挑出一個。請務必使用「日本神諭占卜卡」與精靈和森羅萬象拉近距離。要明白萬事萬物永遠在你身邊，爲你加油！

卡牌說明

源頭

主題

- 根源力量
- 自主獨立
- 群眾魅力
- 生命喜樂
- 影響力

地點

世上所有地點

✲牌之物語

我是起點，是終點，是一切。我是永恆擴張的螺旋，也是回歸的螺旋。世界萬物由我而生，又回歸於我。我顯現在一切之中，包括石子，包括你。你可以把自己當成我，成為創造自我世界的主角。

牌之奧義

你連結著創造源頭的能量。請重新體認「源頭」能量就是你自己，分毫不差。你的肉體是不斷進化的物質，寄宿著永恆的靈魂。物質與靈魂都在源頭中誕生。

由源頭創造的所有靈魂，都是獨立自主的事物。每種靈魂的顏色、氣味、聲音都不同。我們爲了展現自己獨特的顏色、聲音而像現在這麼活著。這張牌要告訴你的是，只要「忠於自我」就可以了。

你心中就有源頭，完全不需要仰賴任何事物。你就是自己人生的主角，請體會生命的喜樂。

源頭的波動就是喜樂。當你連結了源頭，心中產生的喜樂就會散布出去，讓你開始具備群眾魅力，讓你能夠影響眾人。請盡情展現自我，勇敢站在聚光燈下吧！另一方面，也請不必害怕孤獨，因爲當你連結源頭，也就連結了一切。

若你覺得無法與源頭能量共振，請以宇宙的觀點、源頭的觀點來觀察事物。

請明白無論選擇哪條路，最後的終點都相同。

請感受源頭的能量，向你喜歡的人說出「我喜歡你」，並請多多擁抱對方。

體驗生命的喜樂，才是連結源頭的捷徑。享受美食，或感覺高處的強風也可以；放膽嘗試高空彈跳甚至跳傘，或許也很開心。

宇宙無論缺了任何一塊拼圖都不完整，只要你好好做自己，就是獻給宇宙最好的禮物。

天上聖母（天妃）

主題

- 包容的母愛
- 接受
- 強大的溫柔
- 療癒兒時回憶

地點

媽祖廟（橫濱市中華街）
祇園寺（茨城縣水戶市）
弟橘姬神社（茨城縣北茨城市）
天聖寺（茨城縣小美玉市）
天妃宮（沖繩縣那霸市的久米至聖廟內）

✲牌之物語

我像一塊沒有邊際的柔布，包容你的一切。我的顏色就是你的顏色，我的氣味就是你的氣味。請當個天真無邪的孩子，用真摯的笑容撲向我來。當你明白了我的愛無所不在、必是與你一起時，你就能自由地展翅、從我身邊飛翔出去，朝世界飛去。

牌之奧義

天上聖母是永恆的母親，她的能量就像大海，創造並溫柔養育著生命。天上聖母是守護大海的女神，能夠賜予豐饒，人類自古以來就非常珍惜她。

天上聖母是道教女神，與「觀世音菩薩」以及日本武尊之后「弟橘比賣命」的波動互相共鳴，以完全寬容的能量包容著我們。

當嬰兒被抱在充滿慈愛的母親懷裡，可免去一切的擔憂。嬰兒知道在母親懷裡可以放心，所以能敞開心胸、安心熟睡。你上一次感覺完全的放鬆與放心，是什麼時候呢？

這張牌勸你稍微放慢速度，與永恆不變的宇宙母親的能量連結。

雖然安心睡覺的嬰兒自己什麼都不能做，但相信母親會提供所需的一切，知道自己可以撒嬌。

如果你覺得什麼事情都必須自己扛著，何不對天上聖母撒個嬌呢？

這也是對自己的一分溫柔。

如果你有一陣子沒跟媽媽說過話，請趁機聊聊吧。如果覺得自己與媽媽的關係有些打結，是時候解開了。如果小時候有心靈創傷，就來療傷吧。

因爲你和媽媽的關係，會反映在你和其他女性的關係上。

今天試著對某個人撒嬌如何？吃點甜食也沒問題！建議喝杯熱奶茶，或是吃個牛奶多多的布丁。也請把棉被曬得暖呼呼，鑽進去好好吸一口太陽的味道。

弁才天（弁財天）

主題
- 財運
- 創造性
- 永遠的美
- 技藝

地點

宮島（廣島縣）
江之島（神奈川縣藤澤市）
竹生島（滋賀縣）
錢洗弁天（神奈川縣鎌倉市）

✲牌之物語

我會連結你，以及你本身終極的美。創造力是純淨的能量，也就是「美」。由你所發出的創造能量，就像湧泉那樣豐富，四處流布滋潤生命與大地。這股能量會連結人與人、自然與物體，交織出美麗又富足的緣分。請珍惜緣分，相信緣分，富足自然降臨。

牌之奧義

豐饒的能量正在敲著你的門。請你開始想像精神的富足與物質的富足。你現在就是神，名叫分御魂。你、分御魂神尊，請由衷地祈禱，富足自然會找上你的門。

弁天神會為你打開無限創造力的大門。請默念「弁天神請下凡來」，祈禱弁天神來到你的身邊。

接著請靜下心去感受，感受你本身最純淨的本質，那是最接近喜樂能量與感謝能量的波長。這股純淨的能量，正是你最終極的美，也是你的永恆。

請將這股能量釋放到世界上，如此一來，你由衷祈求的事物，必定會隨著能量回到你身邊。回到身邊的能量會化為具體事物，例如富足心靈的人際關係，或者你所渴望的工作。

財運會主動找上不怕金錢財寶、熱愛富足的人。如果你的金錢動能停滯了，

請檢討自己究竟是如何看待金錢的能量。金錢是有靈魂的能量，問題在於你如何使用金錢。

抽到這張牌的人，現在正準備展現創作能量。請做些有創造性的事情，無論什麼形式都好。家事也是能夠發揮創造性的絕佳領域，而鍛鍊你的技藝，也是連結弁天神能量的好方法。

請趁這陣子去參拜弁天神吧！如果弁天神社裡有「錢洗水」（洗錢池），請在洗錢同時誦念眞言：「ざん　ざらざら　める　ざんざら　ざーん」*，可以大大吸引財運。

去了弁天神廟也別忘用心拜神，弁天神才會樂意下凡。然後請挑選一種讓你聯想到富足的香氛，好好享受這股香氣，並想像滿手金銀財寶的感覺。

---

*編註：音同 Zan zarazara meru zanza-ra za—n

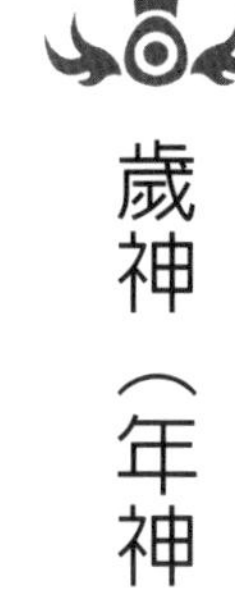

歲神（年神）

主題

- 感謝自然的恩惠
- 享受季節
- 珍惜食物

地點

自己的家

✻牌之物語

我會在新年來臨的同時找上你，一同慶祝春夏秋冬。在緩慢流逝的時光中，每個瞬間都有著無與倫比的美。若你能寬心享受季節流轉，八百萬諸神必定會由衷祝福你。

牌之奧義

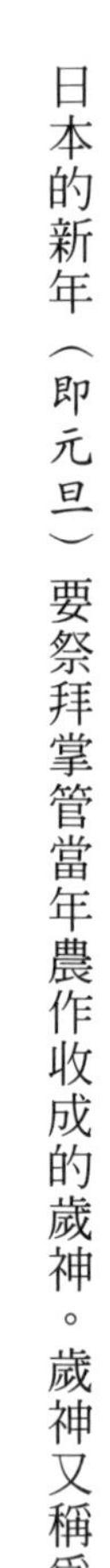

日本的新年（即元旦）要祭拜掌管當年農作收成的歲神。歲神又稱爲大年神、正月神或者惠方神。每到新年，歲神就會造訪各戶人家。

日本是稻米之國。大年神是速須佐之男命*的兒子，也是掌管稻穀的神明，會附著門松**下凡來。歲神會祝福人們新年大吉大利。

據說在除夕當天，看似老翁的舊年歲神會與貌似兒童的新年歲神交接。這也是一種輪迴。季節流轉，大自然的循環與我們的生命循環互相重疊。

這張牌告訴你，要祝福流轉的季節，用心享受生活。除了新年，還要注意驚蟄、春分、夏至等二十四節氣，這樣就自然能調和心靈、身體與自然的節奏。每個季節的節慶，都與歲神和其他神明的能量息息相關。

無論是慶祝新年，或在立春時感覺春天的氣息，或吃著糰子來珍惜秋天，都是美妙的習慣。

而且歲神所掌管的稻米，更是日本的靈魂食物，日本人餐桌上必定少不了米。食物是上天賜給人類的恩惠，稻穀更是食物的代表，我們感謝食物，將當令的美食擺上餐桌，一樣能享受自然的循環。

當令的食物飽含生命的能量，所以生吃也沒關係。當你吃下充滿心意與能量的好菜，心靈自然就會富足，身體也會獲得滋養。如果你吃得隨便，代表心靈也將缺乏營養。

歲神在春天賜與發芽的能量，日本人為了謝恩，將日文中的「發芽」轉為「おめでとう」（恭喜）的諧音。只要由衷感謝大自然的恩惠，大聲恭喜，新的一年必定欣欣向榮。

＊編註：日本神話人物之一。

＊＊編註：日本人在新年時會放在家門玄關兩側裝飾用的竹子與松樹，以迎接新年來訪的神明。

地藏尊

主題

- 慈悲
- 同感
- 陪伴
- 利他

地點

法隆寺（奈良縣斑鳩町）的地藏菩薩

各地寺廟、地藏堂所供奉的地藏神

✼牌之物語

任何人向我伸手來，我必定溫暖地握住他的手，無論那是雙小手，或者傷痕累累的手。我懂你的心情，只會陪伴在你身邊，等你安心。你必定不孤單。

牌之奧義

地藏神原本是印度的大地神，名字的含意是「大地之母」。當釋迦牟尼佛滅度後，在彌勒菩薩誕生之前的五十六億七千萬年之間，天地無佛，於是地藏菩薩負起救養地上萬物的責任。

地藏菩薩在不同次元會有不同樣貌，祂會伸手拯救小孩、深陷苦難者與弱勢之人。替身地藏神則會替吃苦的人扛下苦難，與人們分擔哀傷。

你現在充滿了「慈悲心」，或許你正想去幫某些人的忙。如果身邊有人正在傷心難過，請你靜靜地陪伴他們，只要悄悄握住他們的手，他們就會懂。有時候人們並不需要智慧與建言。

地藏神也會保佑天真無邪的事物。你心中那股赤子般的純淨能量，能讓任何人感到溫暖。

如果是你自己感到難過，也請借助地藏神的力量。

請誦念地藏神眞言：「嗡・缽囉末鄰陀寧・娑婆訶」，用你自己的雙手，溫暖地包覆心中的傷痛與苦難，將你的悲傷交給地藏神。

抱怨、不滿、執著會讓你走進死胡同，地藏神也可以救你出來。此時眞言是你強大的夥伴。

搭電車也好，路上散步也好，有機會請看看小嬰兒的臉，安詳的睡臉或純眞的笑臉，將對你的慈悲波動大有幫助。

荒脛巾神

主題

- 腳踏實地
- 屹立不搖，貫徹始終

地點

東北各地所供奉的荒脛巾神社

關東地方冰川神社末社的荒脛巾社

牌之物語

感受腳下的大地。站穩腳步，屹立不搖。即使大地震撼，你的心依然穩如泰山，沉靜而透徹。寂靜之中，將感受到深深的祥和。你便是你，恆常不變。

牌之奧義

傳說荒脛巾神是最古老的神明之一，自遠古以來，祂強大的能量就保護著日本大地，亙古不變。也有人說祂是繩文之神。

巨大岩石在風吹雨打之下，邊角變得圓滑、長出青苔……，經過百萬年的時光，荒脛巾神依然絲毫未變，靜悄悄地抬頭挺胸。

目前主要是東北地方在供奉荒脛巾神，但全國各地也都有荒脛巾神社，例如關東地方的冰川神社，就有荒脛巾的末社，以及愛知縣也有。荒脛巾神坐鎮在地球這顆宇宙中的小行星上，教導我們腳踏實地的重要性。

若你抽到這張牌，請確認自己是否腳踏實地。腳踏實地過生活，代表你穩穩連結地球的中心。有此關鍵前提，你才能讓思考與心意結合，讓身體與靈魂結合。

在現實世界中站穩腳步，執行必要的實務，保持人際關係的圓滑，也別忘記宇宙的觀點——這就是荒脛巾神給你的訊息。

只要站穩腳步，放穩重心，一點小事就絆不倒你，你也就不容易受到別人影響；就算被人推擠，也只會晃一下子。你會發現別人對你說的話，只是別人表達自己的看法；只有我們決定傷害自己，我們才會受傷。

只要腳踏實地，就能保持自然，不受對方影響而改變。來，雙腳站定與肩同寬，雙手貼著丹田，在呼吸的同時，吸取地球中心的能量。或者沿著尾椎、沿著腳底，將能量灌注到地球中心，就像大樹往地下扎根一樣。

只要好好連結地球的能量，就能進而連結宇宙的能量，因爲地球是宇宙中的一顆星。

大太巨人神

主題

- 相信的力量
- 又大又壯
- 從高處看的觀點
- 行動會改變時間

地點

太平山三吉神社（秋田縣秋田市）
高巨人高原（長野縣鹽尻市）
日本各地的大太巨人傳說地

✲牌之物語

我是巨大的，你也是巨大的，動起你相信的部分。我要敲響太鼓，震撼你心靈深處的力量，就像火山從地底動起來那般，像山一樣的動起來！動起來！

牌之奧義

當你抽到這張巨人牌，正是時候去連結從你心底湧出的力量，連結你壯大的自我。

大太巨人神在日本各地有著不同的傳說與不同的名字，比方說大太坊、大太郎法師等等。傳說富士山就是大太巨人神挖來甲府的土所堆疊而成。甲府的土被挖走之後就形成了甲府盆地，還傳說大太巨人神曾經拿著富士山與筑波山來比較哪個重；或者祂的腳印變成湖泊、一腳跨過山頭等等，眞是壯大的能量。

大太巨人神是創國之神。傳說祂在秋田用手撈起橫手湖的水，拯救乾旱。

請稍微閉上眼，試著連結大太巨人神的能量。你就是巨人，腳下是日本連綿的山峰，一步就能從北海道跨到沖繩。請俯視你居住的城市，從高空觀察狀況，就能看到森羅萬象。

快，現在就變得巨大，發起行動吧！大太巨人神是能夠創山開湖的行動神，而紅色代表行動力，能幫助我們創造與實現。請穿戴紅色衣飾，進行你所相信的行動。

請試著去可以獲得必要資訊的地方，你會與他人發生連結；也請誇獎自己，讚美自己，說自己好話。如此一來，你心中沉睡的創造力、實踐力會覺醒，你也就成為大太巨人神了。

金精神

主題

- 創造新事物
- 神聖結合
- 肉體的解放
- 繁榮

地點

卷堀神社（岩手縣盛岡市卷堀）
金精神社（櫪木縣日光市，群馬縣利根郡片品村等地）
各地有供奉金精神之神社

牌之物語

誕生的時刻就要到了。陰與陽結合，並誕生創造出全新的世界。請變得明亮而圓融，高聲歌頌你的內心，以解放靈魂。歡喜與快樂才是你的本質。你所創造的事物，將會更加興盛。

牌之奧義

終於等到誕生新事物的時刻，可能是新的合夥關係，也可能是琢磨許久等待問世的作品。

當陰與陽的能量合而爲一，新的世界就要啟動，你心中的創造能量正要往外迸發——這是一股純淨的生命能量，你無須恐懼，無須自卑，也無須猶豫。

金精神包含男性的性能量，會以幽默又開心的方式將你推上舞台；也包含女性的性能量，會以溫暖環抱你，讓你安心。

天地萬物的子宮就是宇宙，宇宙就是一切誕生的根源。當陰與陽的神聖結合，在你心中的世界完成，一切都有可能誕生。

如果你正在戀愛，請採取行動；如果你有創意，請化爲現實。

如果你是女性朋友，或許有個靈魂正在敲門，要透過妳的身體誕生到世界上。

這張牌勸你輕鬆地連結你本身的性感，你不再需要壓抑。純粹的性感是喜樂的、是創造性的能量。請像太陽一樣光明正大地互愛，與伴侶意氣相投，交換能量吧。

若你是藝術家，金精神的能量就是最棒的恩賜。要深入連結金精神，請重視肌膚之親，多與人擁抱；而讓人按摩或替人按摩，也是培養肌膚觸感很好的方法。

家神

主題

- 提昇運氣
- 整理打掃
- 促進健康

地點

每個人的家中，都有家屋的守護神。

✲牌之物語

我所居住的地方，是我神聖的殿堂。就像你的心中一樣。你要整潔，你要清淨，你要享受，讓我能夠自由呼吸。如此一來，就會充滿生命能量自由流動。

牌之奧義

古人會用心供奉代代守護房屋的守護神。比方說將神明的能量收進小盒子裡，供奉在橫梁上；或者請神附在人偶或面具上，供奉在爐灶附近，以衷心祈禱能消災解厄。

現代每戶人家依然都有神明存在。房屋本身就有靈魂，所以當房屋沒人居住時，就會迅速頹敗，即是因為房屋沒有了生命能量的關係。

這張牌告訴你，請用心整理自己的居住環境，便能提昇運氣。只要打掃、整理你的居住環境，你的工作與人際關係就能往你想要的方向改變。

一切都是能量。在這個次元裡，只要你房屋或住家的能量順暢流動，就能招來好運氣。

就算只是整理書桌的抽屜也沒關係，請動手清理環境，因為沾滿灰塵的物品、骯髒的物品及久未使用的物品，都會阻礙靈氣流動。

請注意住家的能量，先捨棄不需要的東西。接著請按照自己的直覺，決定家具的擺設與顏色，以改變對住家的觀感，讓自己覺得舒服又平靜。

換一組窗簾，或把牆上掛的小相框換掉，改變小細節就能改變心情，令你心情舒暢的地方必定有生命能量流動。

廁所、廚房、大梁柱等各個地方都有神明，請懷抱著感謝之意，打掃門邊與有水流通之處。你的家與你的心互相連結。

打掃可以活絡身體，就等於活動的冥想，可以讓你思緒清晰、身體健康。請享受打掃。然後在整理乾淨的房間裡擺上你喜歡的東西或者花草，享受日常的生活。如此一來，你悠哉地替自己泡的那杯茶，肯定會好喝數倍。

守護靈與祖靈神

主題

- 血緣的繁榮與發展
- 供奉祖先
- 與守護靈溝通

地點

個人家中的祖先牌位或墳墓

✲牌之物語

謝謝、謝謝！我們活在你心中，我們接收生命洪流並轉交傳承，超越時空地不斷流傳下去。我們一直在你身邊，並祝你幸福，恆久而不變。因為你的體驗，會成為我們的體驗。你所創生的生命，也是我們的生命。

牌之奧義

我們之所以在這裡，是因爲有一道壯大的生命洪流，將我們連結在一起。

父母各有自己的父母，往上追溯十代，就有一千零二十四位祖先，再往上算十代，就有將近百萬人。過去的祖先們，將重要的資訊流傳到我們的血脈中，而這條生命之鏈就是創造的源頭，讓我們感謝它。

當你抽到這張牌，請先想像自己的身體與身體的源頭——人與人相逢，才創造出你的生命；少了任何一位祖先，都不會有現在的你。請供養你的祖先，同時也能夠滋養你自己。

我們即使離開了地上，也絕對不會消失。那些已逝的心愛人們，一樣能超越時空與我們連結。

與我們有緣的靈魂，永遠會在身邊保佑我們；靈魂對我們一清二楚，所以能提供我們最具體也最美妙的幫助。

靈魂們提出的訊息，就藏在日常生活中不經意浮現的靈感裡。請多用點心，跟那些隨時保佑你的靈魂對話。請在朦朧的霧中碰觸靈魂，放寬心、別煩惱。

有去掃墓了嗎？請去掃墓，並想像一道充滿感恩的光芒，描繪出了透明閃耀的生命輪廓，去連結你的祖先。

若心愛之人已逝世，請帶著對方喜歡的食物去祭拜，同時也準備一分給自己吃吃看，感覺就像兩人共享。

然後準備一些你居住城鎮所產的食物，以敬謝祖先給你一副健壯的身體。

亮皮袍神（又名愛奴人形神）

主題
- 地球與生命的循環
- 還原
- 環保
- 對地球的敬意

地點
ハヨピラ自然公園（北海道沙流郡平取町）
其他愛奴民族傳說地點

牌之物語

我的誕生是以雷為父，以榆樹海為母。天上降雨，滋潤大地、滋潤生命，再次回到天上，一切皆循環，一切皆調和。你的生命，會與地上所有生命調和。請放開一切爭鬥，為你與你之外的一切由衷祈禱，付出大愛。

牌之奧義

亮皮袍神是日本北方大地愛奴民族的祖神，也是最大的英雄。祂的父親是天上神（雷神），母親則是世界上第一個誕生的美麗榆樹精靈，雙方熱戀之後創造雷火，就誕生了亮皮袍神。

亮皮袍神是太陽女神，傳授愛奴人各種智慧，包括用火的方法，以及生活的禮節。

亮皮袍神剛柔並濟，看護著生命循環，掌控文化與自然的平衡，這樣強大的神明會幫助你獲得調和。

愛奴人認爲萬物都是神的化身，從地上的動植物、器物，乃至於感冒等疾病都不例外。一切從神的世界下凡來，再回到神的世界去。生命在天地之間循環來去，形成完美的平衡。

這張牌告訴你，要注意你自己與自然的調和，以及你的生活與地球之間的調

和。你的身體是神，你所吃的魚肉蔬菜也是神，整個地球都是神！

請看看周圍，重新省思你珍惜的事物。我們不會惡意傷害自己珍愛的事物。遠古之前的人類都用心珍惜生命，我們也要回歸傳統，對地上所有的神報以珍愛、敬重與感謝。

請使用對自然有幫助的物品，攝取對有機肉體有幫助的食物，並心懷感謝。請喝植物的乳汁，也就是豆漿。此外，土壤滋養著花草樹木，多接觸泥土有助於恢復身體平衡。

而艾草是能夠連結亮皮袍神能量的絕佳工具，請攝取包含艾草的餐點，去連結亮皮袍神。

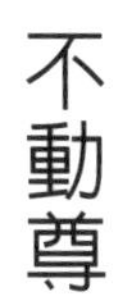

不動尊

主題

- 覺悟
- 斬斷之力
- 勇猛果敢
- 消除對錯誤的恐懼

地點

金剛峯寺（和歌山縣）
成田山新勝寺（千葉縣）
日本各地所供奉的不動尊

✲牌之物語

我的劍是真理的路標。無論謊言、敷衍、猶豫、迷惘，我都能將之一刀兩斷。別害怕錯誤的事物，當前正是醒悟時。拿起你自己的劍，活在你的真實之中。當真言響起，我就與你同在。

牌之奧義

不動尊者，傳說是佛教密宗主神大日如來的化身。不動尊者穩如泰山，求道的心意堅決不移，體現了大日如來的決心。

不動尊者的樣貌是右手持劍，左手持繩，身後有稱爲「迦樓羅焰」的火焰光。

迦樓羅是捕食毒蛇的鳥，而不動尊者身處迦樓羅焰之中，也化身爲火焰，燒去我們心中煩惱的毒。

若你說謊、敷衍、猶豫、拖延，就顯示你心中有糾結。不動尊者會以劍斬斷你的糾結，以火焰燒去你心中的荊棘。請下定決心邁向你所求的道，該是將強烈意志轉爲行動的時候了。

若是你認不清該走的路，請隨便選一條，走下去就對了。請不要擔心搞錯，你不會失敗也不會錯，因爲你所選的路，就是你原本該選的路。請用心思考，究竟該將時間花在什麼地方。

不動尊者曰：「乍看不幸實非不幸，改換觀點，什麼都說得通。」請燒去你老舊的觀念吧。

連結能量的捷徑，就是誦念不動尊者的眞言，請誦念較長的眞言，也可以誦念多次（三的倍數次）：

「曩莫　三曼多　縛日羅赧　戰拏　摩賀路灑儜　娑頗吒野　吽　怛羅吒憾曼」

你可以請來不動尊者爲你加持，尊者必定會聽見你的聲音。或生火堆，將迷惘丟入火中也有效。

不動尊者曾經拯救空海和尚免於海難，所以也是出門旅行的安全守護神。若你正考慮搬家，請向不動尊者祈禱，將會找到好的新住家。

龍神

主題

- 現實化
- 言靈
- 偉大的夢
- 光榮

地點

戶隱神社（長野市西北部戶隱山）的九頭龍

九頭龍神社（神奈川縣箱根神社境內）

九頭龍大社（京都府京都市左京區）

✲牌之物語

我連結天與地，我乃純淨無瑕的能量，能量有如江河，遍流大地，因此我可成為任何形狀。我所走的路為「龍道」。我會牽引，會破壞，會創造，信任我的力量，我就在你心中。

牌之奧義

光榮的龍神能量降臨到你身上；實現心願的開端即將來到你身上。龍神掌管大地氣脈，是純淨的生命能量，並且具備難以置信的強大力量。

你所求的，將會來到你身邊。只要將你眞心的期望灌注在言靈*之中、再說出口，就能實現心願。

龍神會支援我們與生俱來的能量，形成人際之間的連結，你可以安排你想要的局勢、獲得你想要的禮物，不需努力奮鬥就能輕易實現。

但是你要明白，這股能量是將潛意識的心願直接轉化到現實之中。如果你自認配不上你想要的東西，你要先變成配得上的人。龍神的能量就是如此變化多端。

*編註：言靈一詞最早出現於日本，是指語言所具有的神奇力量。

如果你有想要打破的陳規，請求龍神幫助你解脫出來。

抽到這張牌的人，請小心你說出的話。言靈具備靈力，如果你只是說場面話來和緩當前局面，那麼你的卑微會讓自己遠離眞正的心願。請理解一字一句的重要性，說出最眞實、最充滿心意的話。

請不要使用像是否定的字句、壞話、閒話、批判等的言靈。請打開你使用言靈的喉嚨，實際發出聲音，尋找能夠撼動自己心靈的字句與聲音，然後用心說出你清透澄澈的話語。

請先用「氣」來玩玩看。在兩手的手心之間創造氣的圓球，將心願灌注在圓球之中，將球投上天，然後說出心願。也可以先練些太極拳或氣功來感受「氣」。

如今正是懷抱遠大夢想的時候。

復甦的鳳凰

主題

- 永生不滅
- 當下現在
- 死與重生
- 原諒

地點

鳳凰堂（奈良縣宇治市平等院）

鹿苑寺【金園寺】（京都府京都市）

牌之物語

我乃永恆之身，我如太陽那般沉下，又如太陽般升起。請了解，你本身也絕對不會消失，因此活著的時候就要體認死亡。即使肉體凋零的時刻來到，也不要留下任何遺憾。

牌之奧義

鳳凰在道教之中又名「朱砂鳥」，身上鮮紅的顏色代表太陽，象徵生命與不死。

鳳凰無比幸福的能量正在告訴你，要連結不朽的自己，要用心活過這一天。如果我們追溯恐懼的根源，終究會陷入對「死亡」的恐懼。我們選擇行動，都是希望他人能夠接受「我」，即使行動本身有違我們的意願。因爲在能夠獨立自主之前，若是無法被他人接受，我們就會死。動物本能地了解這件事。

這張牌提醒你，你是永恆不滅的靈魂。靈魂能量和肉體能量即使面臨死亡，還是會轉世重生。我們會不斷重生，再踏上回歸源頭的旅途。

請在日常生活中體認死亡。當你抽到這張牌，請把今天當成是人生中最後一天般地用心度過。請當成你沒有明天，如同一期一會，不會重來。

如果有事要告訴心愛的人，請趁今天說出口。請不要活在過去，卻又用過去影射未來。

如果你有無法原諒的事情，要知道被這事情綁手綁腳是多麼浪費時間。請明白天下所有事象，都是爲了透過輪迴轉生而回復平衡，所以要原諒對方，原諒自己，才能快快獲得自由。

請拍一下手，試著獲得偉大靈感。也可以生堆火、點根蠟燭，看著火焰來連結鳳凰的能量。然後，今晚請好好睡個覺——

就像迎接一次小小的死亡。

飛天的天狗

主題
- 奇蹟
- 活化潛在的力量
- 飛翔

地點
高尾山（東京都八王子市）
羽黑山（山形縣）
鞍馬山（京都府京都市）
各地天狗傳說相關地點

牌之物語

窩——窩——哇姆！開門來，開門來，打開通往不同世界的門來。所以看仔細，門已經打開來，就等你自己發現，衝向新世界了。

牌之奧義

你尚未在自己身上發現的能力，正要甦醒過來。天狗會活化你潛在的力量，與你一同飛向另一個次元。

當你準備做些什麼，又想說「反正我不行」、「我辦不到」時，天狗會拿起八角金盤葉扇，吹走你荒唐的想法。

天狗住在靈峰之中，穿梭在山頭之間，引發各種現象。若是在無人深山中聽見神樂（日本祭神歌舞）的聲音，就是天狗做的好事。天狗是日本的魔法師。

天狗的能量聚集在第三隻眼，以及頭頂的百會穴。無論你登山、健行或慢跑，只要活動身體就能活化潛能；另外，像是瑜伽呼吸法，或是整合左右腦的音樂療法也有幫助，有興趣的都可以試試看。

請下決心使用你身上的魔法能量。是否覺得興奮？請先相信一切都有可能。

當你開始注意到魔法的力量，就會想出從未想過的方法，身邊也會發生不可

思議的奇妙巧合，小奇蹟會招來大奇蹟。

記住，想與天狗一同飛翔，就要先拋開包袱。請整理老舊的通訊錄和名片，拋開人情與糾葛，減少包袱。

天狗能瞬間改變局面，當你學會天狗獨特的迅速變身時，請伸長有如天線的長鼻子，乘風往前飛翔。

記得大喊一聲「窩——」

希望的閃耀彩虹

主題

- 啟示
- 明確的希望
- 承諾

地點

雨過天晴時

✲牌之物語

我是喜樂降臨的徵兆，是天上來的啟示。我就像連結天地的橋梁，像一道光，指引你該走的方向。請千萬不要放棄，祝福這道明確的希望之光。

牌之奧義

如果諸事不順心，或者打不起精神，這張牌告訴你，即將出現一條嶄新的道路。苦難的時期要過去了！

雨過天晴，天上出現彩虹，那是誕生自光與水的能量，是自古以來的承諾象徵。彩虹與彩雲都是傳說中的吉兆，代表上天對你降下了啟示。

雨停之後的陽光格外閃亮，局勢也就像這樣迅速扭轉。請抓準你的直覺與靈感，如果有什麼小點子或想去哪個地方，即使不懂原因，也請依照你的衝動去做。

若你已經感覺到喜樂的徵兆，請由衷祝福！你的夢想會成眞。

即使現在看不到光，也請懷抱明確希望，千萬不要放棄。惶恐不會生起希望，要堅信美夢成眞才會誕生希望。請趁現在，連結你心中的神光。

七種色彩合而爲一，由你心中發出光芒，然後以全身皮膚吸收清澈閃耀的七色光芒，吐棄迷惘與惶恐。

當你抽到這張牌，請享受七彩顏色。你可以將水晶珠串掛在窗邊，享受光的舞蹈；或者如果家裡有庭院，請用水管灑水創造彩虹。

請在生活中融入五顏六色，例如穿上顏色鮮豔的衣服，或吃些五顏六色的沙拉。

吃個蛋糕慶祝美夢成眞，或許也是好點子唷！

怕羞的葉下矮人

主題

- 有精神
- 不求回報的奉獻
- 盡力在大自然中玩耍

地點

北海道
南千島
樺太

✲牌之物語

呵呵呵、呵呵呵！你好嗎？有我能幫忙的地方嗎？請放心，我替你扛起重擔，能幫上忙真是開心。一起在大自然裡玩耍吧，躺在草皮上，滾來又滾去，忘記時間流逝，打起精神。一起到森林裡尋寶吧，會找到你想要的東西喔！

牌之奧義

葉下矮人非常好心，樂意幫助你，即使你現在心情不佳，也不必擔心。

葉下矮人的原意是「在款冬葉底下的人」，祂們是北國的妖精，個頭只有人的巴掌大小，好心又善良。不過葉下矮人很怕羞，如果我們不是葉下矮人的朋友，就幾乎沒機會看見祂們。

他們總是躲藏在森林裡，觀察局勢，如果能幫上我們的忙就會很開心。他們個頭雖小，力氣卻很大。只要連結葉下矮人的能量，就會精神百倍！

你是否太過忙碌了呢？如果累過頭沒精神，就打通電話給葉下矮人吧，能去一趟森林更好；如果去不成也沒關係，請試著去理解森林、想像森林，感受吹拂在樹木之間的微風。

風就是電話，將你的心意傳達給葉下矮人。只要你開口，祂們就會來幫忙，葉下矮人必定會透過他人的手，對你提供協助。

葉下矮人不求回報。當你連結葉下矮人的能量而提起精神時，心中將會湧出一道暖流。

如果有人對你好，不必想著怎麼回報對方，請試著也對別人好。這股善心能量會形成循環，必定回歸到你身邊。

請先觸摸花草樹木，感受葉下矮人那善良又活潑的能量。然後，我們從小地方開始做起。

請試著做一件舉手之勞的好事，就像爲善不欲人知的葉下矮人，你心中必定會浮現某些感觸。

天真可愛座敷童

主題
- 禮物
- 天真
- 家庭繁榮
- 放下預感

地點
岩手縣北上盆地為主的東北地方

✲牌之物語

哎哎哎，一起來玩啊！有沒有好玩的呢？都是老樣子就太無聊了。來啊、來啊，快來我這邊，我有禮物送你！

牌之奧義

座敷童是可愛的兒童精靈，只要家裡住了座敷童，就會興盛繁榮。

座敷童的外表像是穿著和服的天真小孩，有男有女。小朋友能夠看見座敷童，但是大人就不容易看見，只是有時候會聽見座敷童的腳步聲，或者瞥到祂們一眼、又不見其蹤影，等一下祂們卻又在同一個地方出現……。

座敷童精靈雖喜歡捉弄人，但是本性天真無邪。祂們最喜歡開心的事情與惡作劇，還有乒乒乓乓地跑來跑去，並且笑個不停。

座敷童精靈會找人一起玩，而你的天真無邪喚來了這張牌。這張牌告訴你，座敷童精靈馬上要送你一分大禮。

如果你覺得現在心裡不夠純眞，請先暫時忘記那些「有因就有果」的邏輯思考。接著檢討你不斷打轉著的迴圈，一直做重複的事情很無聊，請放下規矩章法，享受驚奇的樂趣。

不要去預設些什麼，兵來將擋、水來土掩！試著當個孩子，享受眼前發生的狀況，就像第一次體驗那些趣事時一樣。

座敷童的能量，也能夠加深家人間歡樂的深厚情感，幫助這個家繁榮興盛。

如果你想與天眞的兒童靈魂一起享受惡作劇，請準備金平糖來招待座敷童，把座敷童請來家裡一起玩，祂們也非常喜歡人心的溫暖。

請想些會讓大家歡笑的趣味惡作劇吧，這可是要用腦的。接著請用丹田的力量放聲大笑，座敷童最愛笑聲。只要家裡笑聲不斷，座敷童就不會離開。

快看，座敷童送什麼禮物給你了？

幽默的石獅

主題
- 守護
- 識別力
- 幽默

地點
沖繩縣

✲牌之物語

有什麼來了，我們都知道。有什麼要進門，我們看得見。讓我們來好好保護你。強大的力量並非來自恐嚇，真正的力量來自於歡樂、大笑與悠哉。跟我們一起大笑驅魔吧！

牌之奧義

石獅是日本南方沖繩群島所流傳的神獸靈魂，模仿百獸之王獅子的外貌。模仿獅子所打造的石獅，會安座在建築物的大門前、屋頂上或是聖地聖山等地。石獅的力量可以驅魔、保護民眾與住家。這就像日本神社前的神獸狛犬，有雙千里眼能夠看見有什麼東西要進來，能一眼看穿對方的企圖。

在眞正的獅子眼中，所有石獅的造型看起來都有點幽默：圓滾滾的大眼珠，渾厚的大鼻子，五官全都是既可愛又獨特。石獅是保護民家安全的守護神，有了祂就能放心。

如今石獅的能量正要與你連結，爲你帶來又強又大的煉金術，名爲「幽默」。

你心中是否對未來感到莫名的擔憂或惶恐？惶恐就是「魔」，而石獅是你值得信賴的好夥伴，能趕走要攻擊你的心魔。

即使你有許多事情要操心，筋疲力盡，只要想像自己看了一齣好笑的舞台劇，學石獅張嘴大笑就好。

只要我們眞心祈禱，充滿特色的石獅就會陪在我們每個人身邊，愉快的石獅能量，將會吸引歡樂的夥伴到你身邊。

而只要能與眾人開心地連結，你不想要的事物絕對無法靠近你——「不必靠恐嚇或爭鬥就能保護自己」，這正是石獅的魔力。

就現實面來說，趁機檢查門戶與保全系統，也是很重要的事情。

當你抽到這張牌，請面向東方大笑幾聲，再轉向西方微笑幾聲，如此便能趨吉避凶。

帶路的八咫烏

主題

- 帶路
- 輕盈的行動力
- 聽風
- 願景

地點

和歌山縣的熊野本宮、速玉、那智大社

橫濱市的師岡熊野神社

✻ 牌之物語

豎起耳朵，透徹感官！感受風的吹拂，風現在是往哪裡吹呢？想像風的去處，風向自然就會轉變，將你送往風的前方。請打定主意放棄猶豫，讓我來帶路，關鍵就是踏出第一步。是的，乘風破浪吧！

牌之奧義

傳說中的「神倭伊波禮毘古命」*後來降世爲神武天皇，他爲了統治世界而從高千穗開始東征，當時就是領路神靈八咫烏帶路，天皇才能平安抵達大和。「咫」是測量長度的單位，八咫相當三尺多，如今這位壯大的嚮導，已經展翅降臨到你身邊。

烏鴉有驚人的智慧與精準的目光，所有文化都將烏鴉當成可敬的「太陽鳥」，是創造世界的一分子，也是開路先鋒、上天信使，與人類文化息息相關。

當你抽到這張牌，八咫烏的靈魂就給了你一分訊息，要你立刻採取迅速行動。然而，你或許不清楚自己想要去哪裡，邁出第一步時難免會猶豫不決。

或者你考慮了太多選項與可能性，怕得哪裡都去不了。

請閉上眼，連結八咫烏的靈魂。抬頭看著飛天的八咫烏，你將會發現一條閃耀的大道。

請感受風，你會發現必要的資訊。

八咫烏有三隻腳，不僅代表身、心、靈的三位一體，也代表智、仁、勇的三股能量。

請鼓起勇氣，踏出一小步採取行動。正如烏鴉會借力使力地將核桃放在鐵軌上，等火車壓破再吃，你也不必全都靠自己，踏出一步再乘風邁進，周圍的力量自然會替你加油。

想要行動，關鍵在於減輕負擔。請吃點蘋果幫助消化，並吃些讓你聯想到黃色或金色的食物。大喝一杯鳳梨汁，跟太陽鳥八咫烏一起出發！

＊編註：即神武天皇，是神話體系中日本第一代天皇，也是天照大神後裔。在《古事記》中他名為神倭伊波禮毘古命。

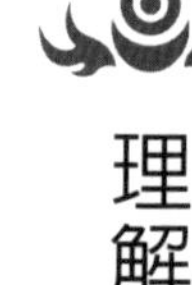

理解無知的河童

主題

- 無知為知
- 專注
- 直白

地點

河童淵（岩手縣遠野市）
筑後川（福岡縣）附近
全國水天宮

✲牌之物語

呀呼、呀呼！每一分情感、每一個意念都非常珍貴。能做到就努力做、拚命做。我知道「我什麼都不知道」，所以我只做開心事。

牌之奧義

河童的靈魂是河神、水神，可以阻止水災與火災，在日本各地都有供奉。河童有許多捉弄人的故事，同時也會幫人種田、幫忙製藥，許多關於河童的故事都令人暖心。

河童神象徵的是「無知爲知」。當我們發現自己一無所知，才是眞正打開了智慧之門。有些地方靠理智搆不到，而你正在那樣的地方。

當你發現自己一無所知，是否會覺得非常輕鬆？再也沒有「不得不」或「一定要」，感覺神清氣爽。

這張牌告訴你，要敞開寬大的心胸，接受「無知爲知」，活得直白不僞裝就好。請順從自己的心聲。

好了，請專注地、拚命地做你會開心的事情。只要是你當前能做到的事情，就把它做到最好最滿。今天上班就當自己成了河童神，盡力而爲吧！

奮鬥會連結一股專注的能量，河童神的開朗將會推你一把。

想連結河童神，玩水是最佳途徑。請找回童心，玩成像落湯雞吧！能夠在河邊玩水更是好上加好。

日本人以小黃瓜供奉水神，我們也來吃小黃瓜，然後準備像翡翠一樣的綠色石頭，就能夠開心地與神明的能量共鳴。

做自己最好！

招福貓

主題
- 生意興隆
- 人際關係
- 誠實
- 來者不拒

地點
豪德寺（東京都世田谷區）
今戶神社（東京都台東區）
自性院（東京都新宿區）
伏見稻荷大社（京都市京都府）

✲ 牌之物語

歡迎光臨！歡迎光臨！請進，大門開著呢！請這邊走，跟我一起走進來。歡樂的氣都聚過來了，這股氣會召來更多歡樂夥伴，送你歡樂時光與富庶人生。

牌之奧義

幸運能量來敲門，開心的招福貓靈魂來到你身邊。

舉右手的招福貓會招來錢財，舉左手的會招來貴人。

若你想做一門生意，現在正是時機。如果你已經是上班族，請跟招福貓靈魂攜手合作，努力招福又招財。就算不是做生意，招來好人緣也是富貴人生。

只要你對自己、對他人都誠實不說謊，這股能量就會更強大。你是否對自己做的事情存疑？或者不夠信心？如果你對自己負責的工作有疑慮，請先調整到自己能接受爲止。

只要認同自己的工作與人生，招福貓的靈魂必定讓你大富大貴。

熱鬧的能量會招來好運，請參加開心的集會與活動。靜靜等待人或事上門，一點都不好玩。

「來者不拒」是你的座右銘，無論對錢、對人都請保持開放態度。

22 招福貓

只要你對自己誠實，就能吸引與你一樣誠實的夥伴。
如果你能準備純金，即使分量不多也能成爲護身符。

正直的鬼神

主題

- 拒絕的力量
- 有種溫柔很嚴厲
- 直率

地點

稻荷鬼王神社（東京都新宿區）
鬼鎮神社（琦玉縣比企郡）
報恩寺（千葉縣長南町）
金峯山寺（奈良縣吉野町）等

✲牌之物語

我會靜靜說不要，因為我知道什麼事物真正重要，所以不會猶豫。你要尊敬自己，也尊敬別人。尊重自己與他人，清楚地拒絕，有時會是最好的資源。你要活得直率，要知道有種溫柔很嚴厲。

牌之奧義

鬼神是鬼的能量，可以趨吉避凶，消災解厄。就好像東北地方的「生剝傳說」*，驅逐了懶散的惡，福氣就會來。

鬼神以猙獰面目嚇走災厄，但這面目只是祂整體輪廓的一部分。

鬼神知道自己需要什麼、對方需要什麼，而且一清二楚。嚴厲的鬼神不允許任何模糊空間。

比方說別人拜託你做事，你是否會勉強答應？或者含糊敷衍？或者心想這忙不幫就不行？要是這些行爲讓你心裡不舒服，請再次檢討自己的心聲。

---

*編註：「生剝」（日文發音 namahage）兩字讓人看起來以為是將人生吞活剝，其實與字面意義無關。東北地區民眾過冬時，常待在暖炕旁取暖，導致手腳被烘烤得通紅，日文稱為「namomi」，將這種烤紅的情況剝除稱為「namomi hagi」，同時也有懲罰偷懶之人、趨吉避凶的意涵。後來 namomi hagi 發音變成 namahage，套入漢字就是「生剝」。由此，生剝鬼也成了警惕世人不要偷懶、做壞事、驅除災厄的使者。（參考資料出處：https://www.cna.com.tw/topic/newsworld/99/201708180003.aspx）

日本俗話說：「要把心化為鬼。」該怎麼做才能幫上對方的忙？要怎麼活才不會讓自己的價值觀產生矛盾？請仔細感受吧。

如果你發現自己必須清楚說不要，請與你心中那清明的鬼神能量產生共鳴，鬼神絕對不會妥協。

你擔心拒絕會不好嗎？不必擔心。

當你決定要幫對方的忙，或者幫自己的忙，那麼「嚴厲」與「溫柔」就不是互斥的兩極，而是同一股能量的兩個面相。如此一來，害怕傷害到對方的罪惡感，會被一掃而空。

當你要對別人說些不中聽的話時，請簡明表達自己的心聲：「我就是這麼想。」不可以說得拐彎抹角。只要你心意堅決明確，結果就會順心如意。

刻劃時空的石頭

主題
- 時光紀錄
- 心靈占卜
- 守護
- 不變的力量

地點
日本全國

✲牌之物語

我們做紀錄。記錄以往的事物，也記錄你新的意圖。請觸摸我們，接收你的意識。那股閃亮的資訊流向你去，會將你所在世界的地平線推得更寬更遠。我們與你一同呼吸。

牌之奧義

一切的礦物都具有力量，尤其寶石、半寶石等，更是具有特殊性質，威力強大。閃耀石頭的靈魂會對你說出清楚的訊息，要你專心接收超越時空的資訊。

你是否有過這樣的經驗，第一次見到的陌生人卻莫名喜歡，或者第一次到某個國家卻莫名不舒服？那是因爲你的意識深處，還保留了前世的記憶，而且會延續到未來。

礦物具有記錄事物的性質，特別是有著美麗結晶構造的水晶，這樣的性質更強烈。

當你注視著水晶表面的光芒，會進入所謂的通靈狀態（ASC，altered state of consciousness），將你的心靈帶往自己或他人的紀錄（阿卡西紀錄 Akashic Records）之中，這也是人們長久使用水晶球與黑曜石板的原因。

玩個遊戲吧！請先將你最愛的石頭拿在手裡，緩緩呼吸，讓你的心靈與石頭合而為一。試著存取這塊石頭的來歷，它從哪裡來？又是誰擁有過這塊石頭？這就是心靈占卜。

接著，請雙眼不聚焦地來看這塊反光的石頭，詢問你自己的阿卡西紀錄。你並不是「好像要」取得資訊，而是「認眞要」取得資訊。關鍵句是「玩心」，就像玩個有趣的遊戲一樣，好好享受。

接著請石頭精靈的記錄能力幫你個忙，將你希望的能量灌注到石頭之中——健康、平衡、開運，選什麼好呢？請鎖定心靈焦點，用一口氣吹進石頭之中。

你的想望會獲得強化，而這塊石頭會成為你優秀的護身符。

天上銀河的一顆星

主題
- 星辰世界
- 夢
- 跨次元之旅

地點
宇宙

✲ 牌之物語

抬頭來看我，歡迎來找我，天上的銀河就是你的遊樂場。穿過夜晚的夢，來到眾星銀河，你將明白自己的偉大。請珍惜你的夢，夢會為你帶來答案。

牌之奧義

抬頭仰望夜空，我們的宇宙以北極星爲中心，天上銀河緩緩繞著中心旋轉。日本人稱北極星爲「天上一星」，自古相信那代表著創造主「天御中主神」。

北極星是萬千星斗的中心，它的能量會帶領你前往星辰次元。繁星璀璨的世界，就是我們夜晚入眠所見到的夢的世界；而夢的次元，就連接著星辰世界。

我們生活在物理的現實世界，同時還有另一個巧妙的世界存在。物理次元外面有乙太次元，更外面則是星辰界。

星辰界就像滿天星斗一樣閃耀動人，又稱爲「星氣界」。

夜晚入睡時，我們的心靈會脫離肉體前往星辰次元。心靈會擺脫肉體限制，自由前往想去的地方。

請珍惜你的夢。夜晚入睡前，請用心準備記住你的夢。如果有尚未解決的問題，請向夢索取答案。

如果寫一本夢的日記，夢境就會變得更加鮮明。

如果你在夢中，也知道自己在作夢，那就是「心靈脫離肉體」體驗的第一步。把心靈脫離肉體時的記憶帶回來，我們就會確認自己並不是只有一副軀殼而已，而這能讓我們感到深深的安心。

如果今晚天氣好，請仰望夜空，想像自己飛翔在群星之間。尋找北極星、北斗七星、仙后星座，肯定很好玩。

記得這廣大的宇宙，就是你靈魂的遊樂場。

歌頌透明的人魚

主題

- 品味純淨的感情
- 連結潛意識
- 精神能量
- 柔軟彈性

地點

八百比丘尼入定之地（福井縣小濱市空印寺內）

日本各地的八百比丘尼傳承地點

龍泉洞（岩手縣岩泉町）

✲ 牌之物語

讓我們潛入清澈透藍的水中，在安靜的水底用心感受。當全身清洗潔淨，就會湧出豐富的感情。以往殘留在身上的悲傷與憤怒、沒能完全品嘗的歡喜與感動，都化為美麗的泡沫，漂向波光粼粼的水面。現在的你透明又柔軟。

牌之奧義

人魚在洞穴的碧藍無底深潭中游泳。她有非常強烈的感性，心思細膩，能夠深刻感受情緒。這張牌在勸你不要想太多，不要找藉口，不要狡辯，就去連結你純淨的情感。

純淨的情感不分正面或負面，只是一股能量而已。

只要能依附在肉體之中，就能體驗深刻的情感，無論是悲傷，是痛苦，都不要逃避，跳進那股能量之中好好感受吧。在能量中仔細思考你爲何悲傷、爲何痛苦，一切就會溶解在透明的水裡。

准許自己去感受吧！接著把你字典裡的「爲何」兩字刪掉。

淨化你老舊的情感，不需要回想造成那些情感的往事，無論是哭是笑都能解放深沉的感情。人魚正在唱歌，歌聲扣人心弦。請你拉開嗓門，唱出最愛的那首歌。

你也可以將脫口而出的字句配上任意的旋律，將能量轉爲聲波排出體外，也是好方法。

盡量打開不經意收藏起來的箱子，釋放那些封鎖在箱子裡的感情，細細體會，就能打開潛意識與表面意識之間的大門；當潛意識與表面意識的兩個世界開始自由交流，就能喚醒各種超越五覺的力量。

這扇門就是通往精神世界的入口。無論是預知能力、共鳴能力、心靈占卜或透視能力，你會有各種發現。

請借用人魚的力量，享受廣大的意識次元。

來吧，效法人魚，唱起那首只有你能唱的心之歌，在深邃蔚藍的水底，連接著無垠的天空。

神聖屋久杉

主題

- 觀察
- 神聖
- 完整
- 平衡

地點

鹿兒島縣大隅半島西南西方海上的屋久島

日本各地有巨大神木的地點

✲牌之物語

我見證了悠久時光，見證生命在我身邊誕生，離去，又重生。我見證千萬次的日升日落，一切都是神聖，都是完整無缺。請深深慢慢地呼吸，呼吸你本身的神聖。

牌之奧義

屋久島上有許多兩千歲、三千歲，甚至更長壽的巨大杉樹（也就是屋久杉），都是有神靈寄宿的神木。總有一天，屋久杉也會按照世界的道理回歸塵土。

屋久杉在深邃寂靜的森林裡緩緩呼吸，見證世界。大樹會將其發芽的地點當成永恆的住所，靜靜待在原地。

大樹從大地中汲取水分滿足自己，用葉片接收陽光轉換爲養分，淨化大氣，幫助動物、昆蟲與其他生命。樹不急、也不煩，強風吹來不爲所動，無論烈日或寒冬，都以堅強的樹根承受起來。

只要你現在接收完整的屋久杉靈魂，就能感受到堅強與寧靜，見證自然的哲理。

大樹連接這世界的天與地，大樹本身即包含宇宙，是神聖的象徵。請效法屋

久杉，深深、慢慢地呼吸，就能確實連結你自身的神聖。

在植物世界裡，同種類的樹即使相隔甚遠依然可以溝通。請去找你附近的杉樹。

你能夠連結全世界杉樹的靈魂，而且不限杉樹，只要附近有你喜歡的樹木，請跟它們交朋友。你的樹朋友，將會介紹全世界的樹給你認識。

屋久杉存在於深邃的森林裡，透過屋久杉的能量，你也能連結森林的靈魂。森林與大樹的靈魂，會幫你找回自己的平衡。請帶筆記本到森林裡，用你喜歡的色筆，自由書寫你的心情。

瑜伽中的樹式，以及萃取自杉木、檜木的香精油，能夠強化你與樹木的連結。

勇敢的山神

- 威風凜凜
- 回頭的勇氣
- 抓準時機
- 好好休息

地點

整個北海道

✲牌之物語

我要問你，什麼是真正的勇者？什麼是真正的勇氣？我是掌管山的神，有時像風一般狂奔，有時會輕鬆休息。我從不垂頭喪氣，你也要保持抬頭挺胸，因為你就是勇者。

牌之奧義

日本山中有許多動物棲息，其中體型最大的就是棕熊。熊的靈魂將要與你心中的勇者對話。

熊的靈魂在北國就是山神（愛奴語：キムンカムイ），是山中最偉大的神。祂光明正大的能量，能喚醒我們眞正的勇氣。

若是你抽到這張牌，請站起身，將雙手高高舉向天上，用力深呼吸一口氣，你就是身高三公尺的巨大熊魂。

熊神智慧如海，眼光如鷹。祂會在冬天好好休養身體，會隨著春天來到而開始行動，所以祂具有判讀時機的能力。

請先重新評估你現在所處的狀況，以及你要做的事情。

是不是害怕風險，而不敢朝自己眞心想做的事情邁出第一步？

是不是覺得現在做的事情，跟自己眞正的風格有落差，卻沒有勇氣回頭？

熊的靈魂會給你勇氣，讓猶豫不決的你能夠進行現在想做的事。跟隨心靈的聲音而邁出第一步是眞正的勇氣，珍惜自己的價値而回到原點也是眞正的勇氣。

當你累了，放鬆腳步好好休息也是很大的勇氣。

請再一次深呼吸，然後像棕熊一樣用丹田大吼。如果你還猶豫什麼，請好好休息一個晚上再做出選擇。

洞察先機的貓頭鷹

主題

- 洞察力
- 看穿黑暗的能力
- 精準觀察
- 注意力

地點

北海道、本州、四國、九州等地的森林

✻牌之物語

請在寂靜的夜晚裡豎起耳朵聽聽看，是不是聽見了？請睜大眼睛瞧瞧，是不是看見了？只要你專心看，仔細看，你心底無限的大門就會打開。

牌之奧義

貓頭鷹的靈魂是掌管智慧的神。祂具備精準的視力與超常的注意力，能在黑暗之中判讀一切，採取行動。

貓頭鷹的眼睛和耳朵，與其他鳥類完全不同。貓頭鷹的眼球不會轉動，能夠看清楚物體的輪廓，而且一對耳朵超過臉的一半大，加上眼睛和耳朵並不左右對稱，位置不一樣，所以能夠掌握從任何方位傳來的聲音。

這張牌勸你要有精準的觀察眼光，以清楚接收語言和資訊，洞察先機。

你是否只用單一的角度觀察現在的狀況？貓頭鷹的頭可以三百六十度旋轉，所以能夠從所有角度觀察。

貓頭鷹多元的視角，加上在黑夜中捕捉獵物的強大注意力，能喚醒你身上的潛能。

貓頭鷹的靈魂又說，要仔細觀察你心中黑暗的部分。如果你將不想看的黑暗

部分埋藏起來，現在正是用心看的時候。

當你用心去觀察黑暗，會發現其中隱藏著珍貴的寶物。你學會的洞察力，讓你變得更清明。

貓頭鷹的日文是フクロウ，讀音（fukurō）近似日文中的「不苦労」（不辛苦）、「福ろう」（有福氣），所以貓頭鷹靈魂會成爲你的守護神，讓你不吃苦又有福氣。

請多讀書、做研究，看看報紙也可以，又深又廣的資訊，可以連結貓頭鷹的靈魂。請試著在一片黑暗中冥想，將會是有趣的體驗。

跑前頭的狼

主題

- 領導力
- 野生直覺
- 同伴情誼

地點

三峯神社（埼玉縣秩父市）
武藏御岳神社（東京都青梅市）
虎捕山山津見神社（福島縣相馬郡飯館村）

✲牌之物語

在滿月底下張開眼吧，醒來吧！感受從你身體深處湧現的吶喊。當你的野性甦醒，對同伴產生信任，你將會深信不疑，筆直衝向通往榮耀的大道。

牌之奧義

狼的靈魂在呼喚你的領導力。終於等到你帶頭的時候了。

狼大概是十五隻組成一群，牠們在追逐大型獵物的時候會互相幫忙。擔任領隊的狼隊長，會用動作、吼聲、表情與團隊溝通，發揮領導力。

你準備好了嗎？接下來請相信野生的直覺。

直覺會超越邏輯。有時候你不知道原因，就是直覺不舒服，或者沒頭沒腦覺得「就是它」，對吧？

請珍惜這樣的感覺，直覺若能搭配邏輯，便是天下無敵。

領隊知道隊伍最重要的關鍵，就是所有隊員具備共同的「方向」與「價值觀」。狼的靈魂告訴你，溝通是領導團隊最重要的工具。

每個隊員喜歡什麼？對什麼有興趣？領隊全都知道。當每個人負責自己最想做的部分，就能發揮最佳表現。

眞正的領隊並不只是跑在最前頭帶路，有時候退一步幫助隊員表現也很重要。這種領導方針會讓彼此產生信任，請你先相信自己的隊員。

要不要試著去跑個山頭？在滿月的夜裡大吼，感受狼靈魂的能量。你要找到可以放聲大吼的地方。

接著用心在嗅覺上，感覺你心中的強大野性逐漸沸騰，好好享受！

眾神使者鹿

主題

- 上天使者
- 太占
- 細膩的力量
- 打開五覺
- 芬芳

地點

春日大社（奈良縣奈良市）
興福寺（奈良縣奈良市）
鹿島神宮（茨城縣鹿嶋市）的鹿園

✲牌之物語

我要捎來天上的訊息。請感受微風中的芬芳，請注意遠方傳來的聲響。看雲的顏色，用指尖連結大自然。打開你的感覺，了解「細膩」是一項美妙的天賦。未來的資訊會成為清楚的潮流，來到你身邊。

牌之奧義

傳說鹿是天迦久神的化身，建御雷神從天上騎著鹿下凡，所以春日大社和鹿島神宮等地都很愛惜鹿，把鹿當成上天的使者。鹿的靈魂會帶給你上天的訊息。

你是否曾經覺得自己太過敏感，而妨礙了生活？其實敏感多情並不是缺點，而是上天給你的美妙禮物。

如果你能感受到氣氛、能量與他人的心意，這些資訊可以成為你行動的指南，也可以成爲幫助對方的好處。

當你的五覺精準，就會開創「超感覺」——這股神祕能量可以替你避開危險，帶你前往必要之處。請祝福細膩的自己。

有些人能夠把他人的情緒當成自己的情緒來共鳴，請捫心自問你所感覺到的情緒是別人的，還是自己的？如果是別人的，請快快釋放出去。

若要更進一步磨練五覺，請試著一整天只專注於一個感覺。比方說今天是嗅

覺，就努力感受所有的味道。

天兒屋命神與布刀玉命神，曾經以「太占」這個方法推算怎麼做才能把天照大御神從天岩屋裡請出來。「太占」就是以火燒鹿骨後，觀察鹿骨裂痕來算命的卜算法。

請你也借用神鹿靈魂的力量，接收天上來的訊息。請珍惜第一個印象。資訊有很多形式，包括影像和語言，當你碰到正確的資訊，會毫無疑問地感覺「這就對了」。

麝香鹿所提煉的麝香，是能夠吸引異性的香氣，這股神祕力量能提昇你的魅力。請擦上你最愛的香味，帶來好心情，也能召喚神鹿靈魂。

悠久漂游的鯨魚

主題
- 放下批評
- 優哉游哉
- 寬容
- 尊重

地點
利田神社（和歌山縣太地町，東京都品川區）
鯨神社（東京都三宅島）

✲牌之物語

優哉游哉，隨波逐流，有時也會用力噴水，我的心就像海一般寬大。在寬大的心海之中，一切生命閃閃發光，一切原始又神聖。海上唱起了溫柔的歌聲。

牌之奧義

鯨魚帶來富足，是日本人心愛的海洋與漁業之神。而包含恐龍在內，長鬚鯨依然是地球上最大的動物。

巨大的鯨魚在海中迴游，活動範圍廣及數千甚至數萬公里，可以從美國加州游到日本來；而且鯨魚以唱歌來互相溝通，即使相距一百五十公里依然能夠聯絡。鯨魚的精靈能量可說浩瀚無比。

鯨魚精靈的心胸就像海一樣寬大，可以包容萬物。祂的能量不帶任何批評，與此能量同在真是無比愉快。我們可以做自己，在大海中悠游，心中自然而然就充滿善良。

這張牌說，我們無論何時都應該放棄對他人的批評，包括對自己的批評。你心中也有一片浩瀚的心海。

無論身邊的人是什麼狀態，都請不要批評。當你發現自己正在批評別人，只要連結鯨魚的精靈就放心了。

在遠海中悠游自在的偉大波動，能夠趕跑批評的能量。鯨魚是天底下最用心呼吸的生命，能夠在海面上噴出水柱。請學習鯨魚，將你心中的批評「呼」一聲地吐出去，心情將煥然一新。

反之，當你發現遭人批評，請一樣靠吐氣吐掉心中的傷痛。無論誰的意見都與你無關，都與你的價值無關。即使是針對你的批評，也只代表了對方本身是個什麼樣的人。

去看看海如何?玩玩海水與浪潮吧。所有海洋都合而爲一。請找一張有鯨魚歌唱的CD。你的心就是一片浩瀚海洋。

催促蛻變的蝴蝶

主題
- 蛻變
- 自由
- 邂逅
- 時髦

地點
日本全國

✻牌之物語

脫去老舊沉重的衣物，該是輕盈飛翔的時候了。你的舞台從葉片轉變為天空，寬闊的世界與眾多的邂逅正在等著你。「自由自在」是我的實物，讓我們一同享受從高空鳥瞰的新奇景色吧！

牌之奧義

這張牌告訴你，該是離開蛹變成蝴蝶的時候了。蝴蝶會在蛹中慢慢等待時機成熟，時機一到，蝴蝶就會蛻變。

蝴蝶輕盈地飛舞在花叢間，飛舞在藍天之下，優雅、華麗又自由。

記錄一切的阿卡西紀錄，提到蝴蝶的形狀就是靈魂的象徵。你現在就要連結源頭的能量，連結靈魂，從平常的自我變成巨大的自我。

蝴蝶翅膀的花紋左右對稱，代表身心將會恢復平衡。封閉的時期已經結束，打開窗戶吧。

在這個時刻，請用盡全心、全力以赴過你的生活，享受生命的神祕。

新的舞台有新的邂逅在等你，請出門去迎接那些等著你的緣分。如果有你喜歡的聚會或社團，請精心打扮後多多參加。

有愛情的預感。邂逅新的異性，也就是邂逅你新的自我。或許你會與自己墜

入情網。

修整你的指甲吧！蝴蝶的靈魂會幫助你邂逅好緣分。

放心青蛙

主題

- 無限可能
- 放心
- 接受富足
- 等待的喜樂

地點

二見興玉神社（三重縣伊勢市二見町）
別雷皇太社（茨城縣水戶市）
大洗磯前神社（茨城縣東茨城郡大洗町）

✻ 牌之物語

放心吧，你可以放心了。事物會回到你身邊，而且變得更深厚、更富足。就像大地接受天降甘霖，你也要接受上天的恩惠。所以你要放心輕鬆等，等待就是喜樂。你要開心又幽默地等著。

牌之奧義

感覺有好事即將發生。青蛙精靈是猿田毘古神的使者，自古以來就是受人喜愛的幸運象徵。

從蝌蚪變成青蛙的戲劇性蛻變過程，不僅展現生命智慧的偉大可能與神祕，也讓我們想起自身的無限可能。青蛙能夠自由往來水世界與大地世界。

青蛙精靈的能量也是春天的象徵，讓人感受到豐沛的水源與浩瀚的能量。

青蛙的日文讀音與「歸來」的日文讀音相同，具有強大的言靈，刻畫在日本集體意識的深處。據說這樣的言靈能帶來六福，包括平安歸來、錢財回來、返老還童、改邪歸正、恢復健康、出人頭地（即日本俗語中的蝌蚪變青蛙）。

你知道一定會回來，所以請放心，開心等待就好。

青蛙靈魂告訴你，即將有股豐沛的能量要流向你。請別著急，否則好運會散去。

抽到這張牌的人，請感受自己的可能性。你是否把自己關在小小的井底，躲在小小的世界裡？請抬頭看天空，青蛙是會跳的，請跳回原本的自己。跳出井，外面世界無邊無際，但在你需要的時候，還是可以回到井裡。在全新的自我之中甦醒過來。

請沖一場涼水澡，像是淋著上天恩賜的雨，好好放鬆心情。接著請用清水清洗兩枚硬幣，一枚留給自己，另一枚供奉給氏神（譯註：當地居民供奉的宗族神）。

富足必定會再回到你身邊。

表達真心的櫻樹

主題

- 開花
- 吸引人的魅力
- 表達真正的心情

地點

本三大櫻花林淡墨櫻（岐阜縣）
山高神代櫻（山梨縣）
三春瀧櫻（福島縣）
全國各地的櫻花名勝

✲牌之物語

我會從深處綻放。包含一切的力量與能量，帶著喜樂開花。來，讓我對你施個魔法，綻放吧！如果你深深感受到真誠的心意，就表達出去。

牌之奧義

櫻樹精靈具有魔法力量，深深植入在日本大地，以及與日本有緣人們的心靈深處。

這股強大的力量會激發人們的「氣」能量，也就是「生氣」。日本新的年度隨著櫻花花季而開始，就好像跟著櫻花過年一樣。

櫻樹精靈正在呼喚你：「從你的心靈深處，靠自己綻放吧。」櫻花是粉紅色、櫻葉是嫩綠色，粉紅與嫩綠是心靈的顏色，是我們本質能量的顏色。我們只要依循本質來生活，就會有魔法發生。

櫻樹精靈會用它充滿生命能量的神奇魔法，幫助我們連結魔法。

依循本質生活，意思就是順從自己的心意，誠懇過生活。請相信每朵綻放的花都很美麗。

櫻樹精靈告訴你，要感受眞正的心意。如果你正在壓抑眞心，請懷抱粉紅色

的溫柔能量，說出口來。

如果你墜入了情網，請將心意告訴對方。當你下定決心告白，櫻樹精靈必定會幫助你。對於身邊的家人，也要開口表達你的感謝與愛，只要你真心這麼想，就該說出口。

櫻樹魔法會激出你的魅力。只要是自行綻放，不論男女都會散發艷麗的能量。請發現你自己的魅力。

賞櫻讓人醉，還可以連結人際關係，這也是櫻樹的魔法。花季一到，請出門享受節慶的能量吧。

當你抽到這張牌，請穿上粉紅色的衣物，吃粉紅色的食物，出門散散步。

吉祥鶴

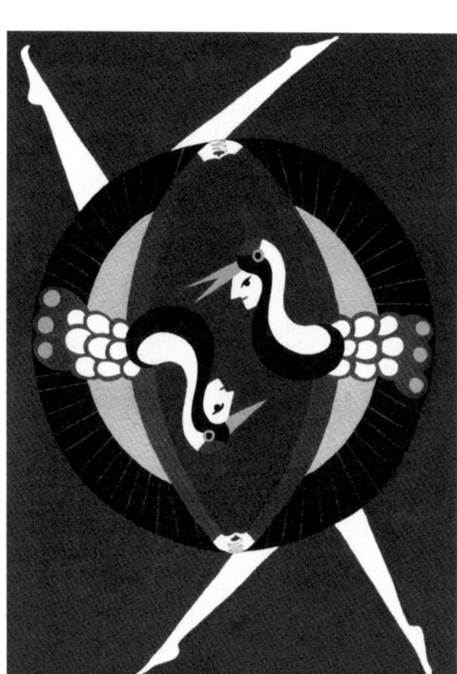

主題

- 吉祥
- 健康長壽
- 圓滿
- 合作

地點

北海道釧路溼原一帶

山口縣、鹿兒島出水市

✲牌之物語

祝你健康，祝你與伴侶走得幸福美滿。你的身體與心靈互相契合，保證能長命百歲，也保證你與伴侶的溫暖關係長長久久、富足豐饒。

牌之奧義

鶴精靈具備吉祥能量，帶給你祝福。日本人說「千年鶴、萬年龜」，龜與鶴是長生不老聖地蓬萊仙島的使者，所以鶴是代表健康長壽的福鳥。

鶴的聲音能夠直達天聽，鶴是連結天地的鳥，而且一生忠於自己的伴侶，所以也象徵伴侶之間能天長地久。

一股健康的能量正流向你。請大大深呼吸，感受鶴精靈所帶給你的「福氣」，這股完整無缺、強大健壯的能量，會充滿你全身。

這張牌就是象徵陪伴的牌。

請觀察你身體與心靈的關係。你的思考與行動是否契合？如果兩者契合，鶴精靈將保證你健康長壽，直到心靈與身體各分東西爲止。

有情人或配偶的人，請重新檢視你們之間的關係。如果關係圓滿，彼此必定會更加感謝對方。如果覺得兩人有點漸行漸遠，那麼鶴精靈會告訴你，放下批評，感受對方最希望你做些什麼。

當對話包含批評的能量時，就無法觸及對方的心靈深處。請先拿走對彼此的批評，找出行動的背後究竟有什麼用意。這對生意夥伴來說也是同樣道理。

請別忘記鶴精靈會帶來吉祥，並將這股能量灌注到紙鶴之中，送給你身邊爲病痛所苦的人吧。在日文中，「紙」與「神」同音，所以「健康紙鶴」就是「健康神鶴」。

有伴侶的人，請務必像你們剛認識時那樣好好約個會，必定會發生好事情。

守護時光的圓藻

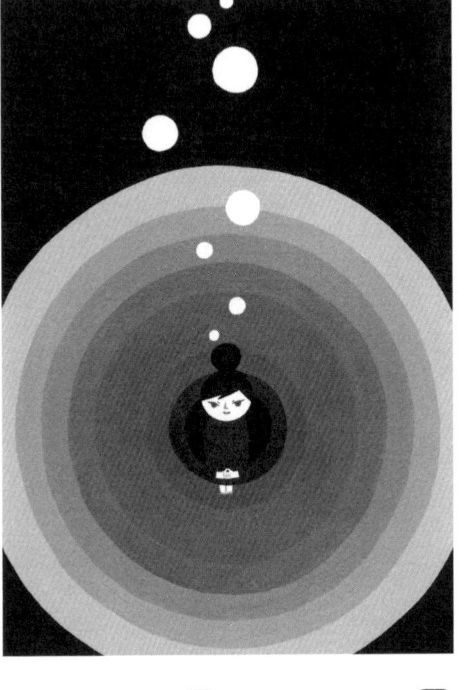

主題

・靈魂
・太古地球的記憶
・見證
・變成圓

地點

阿寒湖（北海道）
山中湖、河口湖、西湖（山梨縣）
琵琶湖（滋賀縣）

✲牌之物語

一個一個聚在一起，連在一起，慢吞吞地花時間，自然而然變圓圓。別太執著於「時間」這個故事的內容，靜靜見證就好，萬物自然會隨時間的孕育而融合茁壯。不要急，一點一滴，擁抱這段時光，品味這段時光。

牌之奧義

圓藻精靈的訊息是不急著求結果，靜靜見證就好。請你細細品味自己正在體驗的事情，以及周遭正在發生的事情。

圓藻其實是許多細小的水藻糾結在一起而成，滾動久了就變成圓球。圓藻在清淨的水底慢慢滾、慢慢漂，才會變得又大又圓。

靈魂就像一顆圓球。圓藻是由許多小藻結合而成，讓你想起自己的靈魂。圓藻象徵靈魂次元之中，萬事萬物同時存在。靈魂世界裡的時間細線，就像圓藻一樣糾結成球。

正常的時間世界裡，時間從過去流向未來；請你稍微離開這世界，進入靈魂的時間。跟圓藻精靈一起放輕鬆，守株待兔。如果你急了，煩了，或許反而會礙了時間的潮流。

不要忍受，只要見證。船到橋頭自然直。你要細心地對待每件事與每個人。

一步一步，走向現實，面對現實。

圓藻在水中吸收陽光，進行光合作用，在水中產生新鮮氧氣。圓藻會淨化水源，即使分開了還是會各自變形生存下去，可說是非常彈性又強韌。

其實地球就像一顆綠色大圓藻，漂在宇宙中經歷長久時光。地球會把記憶告訴你。如果你有顆像圓藻一樣軟綿綿的綠毛球，請摸著它慢慢地放輕鬆。

當心靈圓滑了，就會充滿大愛，愛地球上的一切生命。請跟圓藻精靈一起回想，你心中也刻畫著太古地球的記憶。過往所有時光都在你身邊。

神聖圖樣的麻草

主題
- 植物的智慧
- 神聖幾何學
- 符號的力量

地點
日本全國

✽牌之物語

綠色生命遍布大地，請接受此般智慧與恩澤。接著，要發現我體內暗藏的神祕暗號。形狀具有力量，你要學習這力量，改變意識與現實。

牌之奧義

據說神明從天上帶了「痲草」下到凡間，從此痲草就是天照大神的萬靈藥，是連結天地的神聖植物，受到人類重用。

痲草長得非常快，而且纖維又堅韌，具有強大的驅魔力量，所以日本人用痲草綁嬰兒的臍帶，在包裹嬰兒的被毯上畫著痲葉的圖樣。痲草具備的驅魔神力，也用在神社的御幣，以及修驗道的護摩火供上。

這張牌告訴你，要注意植物具備的智慧與祕密。痲草的靈魂能量，可以讓你連結植物的智慧，植物的智慧又會帶領你通往宇宙的智慧。痲葉的造型包含了神祕力量，這力量正要與你交談。

痲葉圖樣是從葉片圖形所延伸出來的幾何圖形，包含以正三角形為基礎構成六角星（日本稱為籠目紋），以及宇宙基本的龜甲圖樣。痲葉符號本身就能改變我們的意識，發射一股能帶來調和的波動。

無論是三角形、五角形、輻射形、上升形或下降形，花草樹木的形體之中展現了宇宙自身的智慧；而葉片生長的方式，亦涵藏了天底下最美的黃金比例。好，請張大眼睛看看周遭植物的祕密吧。宇宙的智慧將透過大自然傳達給你。

日本的家徽（家紋）也是一種符號。請你連結宇宙的智慧，解開宇宙的祕密，運用符號與圖形的力量。

麻草是珍貴資源，能當藥材、食物與纖維使用，請享受麻草的恩惠。穿上天然纖維，會更容易與自然調和。另外，籠目紋還帶有「開悟」與「調和」的能量，所以請在生活中加入麻葉，因為「調和」是最強大的力量，能擊退一切災厄。

冒險的細葉榕

主題

- 好奇心
- 多樣性
- 自由與安定
- 冒險之旅

地點

九州屋久島與種子島以南，尤其是沖繩縣南城市的ガンガラー谷、沖繩本島北部的安須杜及名護市的屏風細葉榕都屬於國家古蹟。還有小笠原諸島。

✲牌之物語

請別侷限於僵硬的思想之中。我們是會旅行的樹，雖然是樹，卻非常的自由。我們的樹枝與樹根會長成各種形狀，然後四處走動。自由與安定可以同時存在，同地存在。請放心獲得自由吧！

牌之奧義

在南方的太陽國度，傳說枝繁葉茂的細葉榕是有著神靈寄宿的樹木。細葉榕生長在沖繩與西南群島，是一種有氣根的樹，氣根從樹枝長出來就往下垂，抵達地面之後又長出根來，整大群的氣根有如樹幹。當舊的樹幹無法獲得足夠營養，就會慢慢枯萎腐壞，新的樹幹則不斷生長，離開原本的生長處，所以細葉榕眞的會走路喔！

柔軟、從容，能夠應對環境變化，便是生命力強大的證明。細葉榕精靈會不斷垂下數不清的氣根，堅韌而扎實地連接地面。但其實細葉榕自己也很好奇，期待著接下來要去哪個方向。

當我們感覺非得保持現狀，就會被思想限制，哪裡也去不了。當心靈僵硬，身體也會跟著僵硬；而僵硬的身體，只要輕輕被推一把就會搖晃不穩。柔軟的心靈，才是安定的關鍵。

細葉榕會釋放強烈的「陽氣」，所以道教寺廟經常種植榕樹。細葉榕的靈魂正在告訴你，要活力十足地採取行動，自由伸展。

細葉榕眞是天底下造型最獨特的樹了，它的葉片會朝向陽光，所以你也要往光芒邁進。關鍵是不要有偏見，什麼事情都要做過了才知道。

細葉榕也是天眞精靈キジムナー*的住處。如果你搞不懂該去哪而愣在原地，請先深呼吸，向細葉榕精靈接收太陽能量。

想要排除停滯的能量，請去散步個兩小時吧。準備邁向人生旅程的人，你的方向沒問題，冒險會自行發展壯大。

請趁這陣子排定旅行計畫吧，必定會獲得做爲指引的提示。

＊編註：音同 kizimunaa，指的是日本沖繩縣的木精靈。

富士山

主題
- 日本
- 連結自己的天賦
- 不躲藏
- 站上雲端

地點
橫跨山梨．靜岡兩縣的富士山
關東地方的富士塚

✻牌之物語

你要感受日本，重新審視日本這個國家。感受這股受到八百萬諸神與言靈所祝福的大地能量。感受你心中的高風亮節與寬容體貼。我是日本的象徵，不躲不藏，光明正大。

牌之奧義

當我們想像日本這個國家，第一個想到的就是富士山。富士山象徵日本，也象徵住在日本的所有人，它展現了強大的靈性。這股堅定不移的力量，讓我們回到自己的中心。

我們可以從遠處看見富士山的模樣。富士山不躲著任何人，總是光明正大。每次見到它，都會感到全新的驚奇。

請再次感受日本集體意識中高風亮節的大和精神，既慷慨壯烈，也溫柔體貼。

富士山總是驕傲地把頭探到雲上。如果你有生活上的煩惱，請把頭從煩惱的烏雲裡探出來，穿破壓力，在雲上享受朝陽，盡情揮灑創意。不變的力量與高風亮節都屬於你。

當你猶豫著是否要表現某件事時，充滿「木花之佐久夜毘賣」*能量的富士山，正用力推你一把。木花之佐久夜毘賣，會幫助你綻放自我。

你身上的天賦，你無與倫比的獨特力量，正等著被表現出來。躲藏的時刻已經結束，你將成爲獨一無二的你！（富士的日文讀音就跟「不二」的日文讀音一樣。）

當你抽到這張牌，請前往可以觀賞富士山的地方，或者去參拜其附近的淺間神社，可以接收更多富士山能量。

富士山寧靜佇立，但其實是座火山，而且山中棲息著年輕又強壯的龍。

你活力十足又高風亮節，現在正是奮起的時候！

＊編註：木花之佐久夜毘賣，就是俗稱的「木花開耶姬」，是日本神話裡的女神，大山津見的女兒、石長比賣的妹妹，下嫁給天津彦彦火瓊瓊杵尊。（參考維基百科）

宇宙降臨巨石環

主題

- 全體性
- 來自宇宙的訊息
- 智慧擴張
- 儀式的力量

地點

大湯石環陣（秋田縣鹿角市）
小牧野遺跡（青森縣青森市）的巨石環
鷲木遺跡（北海道渡島）
忍路石環陣（北海道後志）

✲牌之物語

你要連結宇宙，要接收訊息。你就是宇宙，宇宙就是你。當你凝視瞳孔深處，會看見數不清的閃耀銀河。宇宙中響起獨一無二的簡單聲響，剔除多餘的事物，讓這簡單的聲音在你心中響起。你將會無限擴張，你就是智慧源頭。

牌之奧義

日本大地上也有許多巨石環與巨石遺跡。

遠古人類使用巨石環進行儀式，與高階事物或地球外事物進行交流。巨石環是溝通地點，環與環之間可以超越空間，像天線一樣交換資訊。

巨石環是「圓」的精靈。石頭之間互相發聲，創造出完全與整體的能量。這股波動能夠療癒傷害，促進肉體與心靈的整合與平衡。

快！請連結巨石環精靈所帶來的無限「圓」能量，明確的訊息將會來到你面前。要連結「宇宙」和「你的整體性」，最好的方法就是儀式。

自己決定簡單的程序，在同樣地點用同樣程序冥想就好。在家裡設置個小祭壇或小神殿吧！燒柱香，請求守護靈的幫忙。

比方說找個安靜的地方，用指尖在自己身邊畫個圓圈，然後坐在圓圈正中央。閉上眼，想像你心中有個宇宙，正閃耀著數不清的星星。你會聽見什麼聲

音？會看見什麼訊息？請掌握出現在你心中的字句。

或許你會做個清晰的夢，在夢中跟宇宙的朋友聯絡。

如果有機會前往開闊的地方，請找個舒服的位置躺成大字形，此時你的心就是全宇宙的中心。

巨石環正在催促你覺醒。請放下雜訊，用心感受，你正在演奏宇宙獨一無二的純淨聲音。

療癒的溫暖湧泉

主題
- 鬆口氣
- 回歸原點
- 感謝身體
- 水火風土四元素

地點
湯殿山神社（山形縣鶴岡市）
全國各地的溫泉神社

✲牌之物語

我是水、火、風、土四大元素的力量，能溫暖你的身心。請放鬆喘口氣，大大伸展手腳與心靈。糾纏不清的東西自然會解開，僵硬的身體與煩躁的心靈也會獲得解放。水、火、風、土一旦聚集，就會產生「空」，所以你會成為空。

牌之奧義

日本是火神與水神之國。無論身在何處，地下深處都有水流，受到大地烈火加溫成爲溫泉，還含有豐富的礦物質。

輕鬆泡個溫泉，水面微微蒸騰的熱氣，可以滋養你的皮膚和鼻腔。只要用心感受並用身心接收大自然裡水、火、風、土的能量，這股強大的淨化能量必定讓你精神百倍，找回自然節奏。

溫泉的神明正在呼喚你。請放下緊張的生活，趁現在鬆口氣如何？或許你把自己逼得太緊了。去附近的溫泉一趟，能放鬆心情就太棒了。

古時候的日本，把澡堂當成裸體的社交場合，澡堂就是創造和平的場所。熱氣之中，什麼事情都不需要在乎，就算只有自己泡澡，也要享受裸體的自由。

在澡堂裡脫去所有衣物，然後感謝自己的肉體——這是代代傳承下來，這一代由你獨享的肉體。清洗的時候要用心，捧起泡沫、灌注感謝的能量，然後仔細清洗。

請注意肝臟、腎臟這些器官在什麼位置。就算不去溫泉，在自家浴室也可以。放些溫水，加點浴鹽或香精油，還是可以享受溫泉。如果浴缸裡加點日本酒，皮膚會變得光滑喔！

當你泡進浴缸，請注意全身的皮膚，用皮膚所有細胞緩緩呼吸四大元素的力量。放空你的腦袋，慢慢放鬆身體，用泉源的強烈能量充電。你將獲得持久的放鬆。

抽到這張牌的女性朋友，請補充鐵質，並檢查生活作息。

清澈奔流的瀑布

主題
- 沖刷
- 放開往事
- 自信
- 新的下一步

地點
那智瀑布（和歌山縣東牟婁郡那智勝浦町）

✲牌之物語

我兇猛地往下衝，絕對不會停，也不會濁，常保透明。因為是我自己決定要放手。我會用聲音和水花，猛力沖去往事和心結。

牌之奧義

這張牌會帶來淨化的能量。清澈又強力奔流的瀑布靈魂，具備強大的沖刷力量，可以洗去不想要的事物。佛教密宗、修驗道和神道教，一直都將瀑布修行列爲重要修行法。

你就是一條豐沛的河川，將「天之氣」流往大地。你所執著的事物、忘不掉的舊傷口，以及妨礙你前進的情緒，會阻斷河流，造成混濁。瀑布精靈會以一股水勢沖走淤積與石塊，幫你恢復原本潔淨的水流。

我們會以當前的觀點來「記憶」過去，而爲了避免傷害自己，確定自己的正當性，這些記憶經常脫離現實，成爲故事。所以即便有一百個人同時經歷了同一件事，就會產生一百個不同的故事。

「不要再被過去綁住了。」瀑布精靈如是說。你心中的悔恨不會綁住你所恨的人，只會綁住你自己。也請別再翻舊帳，而把你認識的人給綁在過去了。

從往事中解放的時候到了。開始寫下新的故事吧。

瀑布的轟隆水聲能夠淨化你，不必靠外來的影響或事象引發淨化，而是由你的意志進行淨化，請找回你的眞我。

瀑布所產生的負離子，能讓你心情舒暢，身體健康。

當你放棄了多餘的東西，新的下一步就在等著你。停滯的能量開始運轉，你心中已經誕生一股自信。新的舞台開演了。

若你抽到這張牌，請沖個像瀑布一樣的澡。冬天沖冷水，可以調節能量。當你沖得神清氣爽，就要跳得更高！

萬象倒映的湖泊

主題

- 注視自己
- 放開幻想
- 承認自我

地點

羽黑本社三神合祭殿（山形縣）前方的鏡池

北海道東部釧路弟子屈町的神子池

山梨縣內富士山山麓的富士五湖

✻ 牌之物語

你要搭船離岸，來我身邊。我會映出你的身影。請看你自己的模樣，專心致志。只要你能看見瞳孔深處，就能夠擺脫幻覺，與自己合而為一。請由衷喜愛自己吧！

牌之奧義

有道是「明鏡止水」，當水面毫無波紋時，看來就像清澈透明的鏡子。鏡子能清楚地照映出一切。而湖精靈就像是面鏡子，勸你仔細觀察自己。

我們的心裡都有一座美麗的湖泊，當心情紛亂時，湖水就會起波瀾，掀起波瀾的湖面要照映自我，只會照得歪七扭八。

當我們與他人比較時，心湖就會瞬掀波瀾。當你拿別人跟自己比較，無論感覺優秀或自卑，鏡子都會模糊。因爲「比較」會讓人產生幻想，要是再進一步否定自我、批評自我，波瀾就會更大，連划小船都沒辦法了。

爲了離開現實的水岸，看清自己的模樣，請拿起槳划著小船到湖上吧。現在是注視你自己的時候。你是永恆不滅的靈魂，跨越悠久時空寄宿過許多肉體，湖水上或許會映出你的前世。我們一路走來，已經從各種角度體驗過地球的面貌了。

只要安撫心湖，就能從湖中倒影，看見你完整的靈魂。就像滿月倒映在清澈的水面上一樣。你認爲自己欠缺什麼或哪裡不夠，都是幻想。請接受完整的自己，愛自己。只要你覺得做自己很舒服，幻想就會被你趕走。

在你開悟之前，自己之外的森羅萬象，都是倒映你的鏡子。別忘了你平時見到人有什麼感想，其實就是你把自己投射在對方那座湖上的影子。當你超脫幻想，我們映在水面上的就不是虛像，而是能夠摸得到的實體。

當你抽到這張牌，請告訴你自己的靈魂——分御魂，說你最愛它。請每天早上對著鏡子微笑，對神聖的自己說：「早安！愛你喔！」這就像神道的重要儀式。有時間也請來點小斷食，多喝乾淨的水。

噴發的岩漿

主題
- 熱情
- 活著的自覺
- 破壞老舊
- 選擇

地點

阿寒岳（北海道）
淺間山（長野縣北佐久郡）
阿蘇山（熊本縣）

✲牌之物語

感受你心中燃燒的火焰，感受狂熱、滾燙的高溫。這股原始大地的能量，直直連結地球中心。當時機到來就會噴發，破壞老舊事物，創造新地形。請連結你火燙的「熱情」。

牌之奧義

你是否感覺到熱情？熱情的能量就像岩漿，從大地之中湧向你的心。當你眞心想做些什麼事情，胸口就會發燙。當你感覺心跳加速，激動難耐，就盡量採取行動吧。不要去想，靠身體感受。

火山的靈魂正與你共鳴，幫助你做出選擇。

我們所有人的內心深處，都有著靜靜沸騰的岩漿。那咕嚕咕嚕的沸騰聲響，就是在胎內聽見的羊水聲。

這聲音就在你的細胞裡。當你心中燃起熱情火焰，全身細胞就會活化，能量擴張，往心臟衝上去。

火山爆發的能量，會暫時破壞傳統老舊的結構，創造新的事物。因爲火山就是女神的能量。

請將手放在胸口，感受熱情的溫度。如果你覺得現在打不起精神，請尋找自

己的熱情。活火山上不會積雪，你要去連結火山女神。選擇的時候將近，巨大轉折要來了。請爲即將到來的時機做好準備。

閉上眼睛，想像岩漿正從脊椎最下端往上竄的景象。想像這股能量要湧上心頭。請揚起嘴角，如果感覺身體眞的熱了起來，就想像自己去做眞心想做的事。

如果不知道該做什麼，請捫心自問：「我的熱情跟什麼事物在一起？」

另外，請觸摸自己的脈搏，想像自己緩緩漂浮在母親肚子裡的羊水之中。讓我們感受生命。機會難得，請盡力選擇，開創人生。

金字塔的力量

主題

- 清晰性
- 心靈擴張
- 注意力
- 前往高階聖地

地點

黑又山（秋田縣鹿角市十和田大湯地區中通台地）
皆神山（長野縣）

✲牌之物語

爬上心靈的階梯，提昇你的能量。山看起來高，但山頭就近在眼前。你能從山頂上俯瞰一切。你要清晰，就會發現自己已經站上了巔峰，登峰造極。巔峰之上會無限延伸。

牌之奧義

你的心靈正在擴張的路途上。登山要朝山頂一步步往前走，你的心靈也正一階階往上爬。每爬上一階，看到的景色就不一樣。因爲站得愈高，看得愈遠。金字塔能量的精靈，正要你提昇注意力。

攀上心靈階梯最快的途徑，就是拿出心無旁騖的注意力。當我們專注於某件事，就會忘記時間的流逝。當運動員熱衷於自己的表現，就會創造出「專注區」。藝術家在創造的時候會廢寢忘食，只覺得自己存在當前。

專注區狀態毫無模糊可言，所有意識都集中在三角形的頂點上。只有在靈魂與肉體合一的時候才會有專注區，此時我們會超越時間。

請做你最愛的事情，並解除時間限制。當人們屛除雜念，心靈沉靜，注意力就會發揮到極限。

冥想的時候不斷誦念自己喜歡的名言或眞言，或者凝視揚圖騰（yantra）或曼陀羅。剛開始不用太久沒關係，腦袋的工作就是思考，當雜念出現，迅速回神就好。只要多多練習，你心無旁鶩的時間就會愈來愈長，注意力就會提升。

在金字塔的頂點，其實有另一個金字塔從該點延伸出去。只要專注，讓心靈不斷擴張到超越肉體的次元，前方就是浩瀚無限。金字塔能量會透過我們心靈的中心，讓你在這個次元裡更加清晰。

爬個山如何？山頂就是天與地的接點，當你爬山的時候請打開腳底的查克拉*，用腳呼吸。前往更高階的聖地。

*編註：查克拉，即 chakra，意指脈輪。

感謝與爆炸的慶典

主題

- 發散
- 故鄉
- 人際關係
- 非日常

地點

日本全國的慶典

✲牌之物語

慶典與感謝，連結神聖的事物。撫慰與祥和。懷念的故鄉。同伴的笑聲。四季循環。嘿咻！嘿咻！過節了嘿咻！大吵大鬧別客氣！

牌之奧義

令人懷念的故鄉，神明的慶典。你是否旅行到過某個城市，對當地盛大的慶典，及慶典上的攤販、山車（神轎車）與神轎印象深刻？這股不可思議、強烈又激動的能量就是慶典能量，而且現在正朝你而來。

日本會在各種節氣舉辦不同意義的慶典，幾乎都是爲了感謝神明、祈求農漁豐收，或者安撫靈魂。慶典就是我們與另一個世界交流的機會。

無論哪個城市都有歷史悠久的傳統慶典。日本人把節慶日稱爲「晴日」，代表與平常不同的特別日子。日本各地有很多稀奇古怪的祭典，比方說山車對撞的激烈活動，或者全村分兩邊對打等等。

你也要來點非日常時光嗎？請參加你城市裡的慶典，或者故鄉的慶典。跟大家一起跳舞，大吼大叫。慶典就是強烈能量發散的場所。

請以全心全力去接觸眾神與眾人，解放心中所有的壓抑！節日允許你亂搞一

通，那也是與土地神結緣的好機會。

如果沒有時間參加慶典，請主辦一場開心的派對，邀請朋友，以及朋友的朋友。

大吵大鬧會激發能量，會引發突破。快樂就是精華。

當你盡情享受節日之後，就會充滿生命能量，好去度過平時的日子。

冥想的洞窟

主題
- 冥想
- 擺脫恐懼
- 變化

地點
安家洞（岩手縣岩泉町）
日本各地的大洞窟

✲牌之物語

請進入我，不要害怕。我會給你寂靜與放心。什麼都不需要害怕。即使在我之中，你依然會發出耀眼光線照亮一切。這裡是感受愛的地方。當你從我之中出發，你將脫胎換骨。

牌之奧義

無論古代西藏或日本，人們冥想時都會躲進山中小廟或洞窟裡。洞窟裡的寂靜與黑暗，讓我們更容易進入自己的內心深處。這張牌告訴你，要緩緩地、靜靜地進入自己心中。

當你每天忙東又忙西的，是不是找不出時間冥想呢？然而呼吸與冥想正是整合身心，取得清晰的最好方法。

走進一座陰暗的洞穴深處，就能觀察你本身的恐懼。你會害怕自己是否傷害到他人，就像你害怕傷害到自己。或許你還怕受人矚目，害怕成功。

你或許害怕孤單一人，或許害怕失去。如果你感覺能量沒有流動，請走進心中的洞窟冥想一下。如果你找到了恐懼，很簡單，靠呼吸吐出去就好。因爲恐懼也只是一種能量。

找個可以獨處的地方，關掉燈光、點上蠟燭，凝視蠟燭火光也是個好辦法。

腦波頻率會慢慢降低。敞開潛意識的大門，你會找到眞正想要的東西。

請試著在冥想時聽太鼓的聲音。那震撼的聲響，會喚醒你心中的能量。

洞窟就好像地球的子宮。地球母親的子宮，是令人安詳的地方。洞窟也是感受愛的地方，可以保護你不受既有恐懼的威脅。

當潛意識的強大力量與意識的理智合而為一，你就不再需要恐懼。請感謝以往保護你的事物，放下一切，你就會發出耀眼光芒，照亮洞窟的一切。

結緣橋

主題
- 兩極整合
- 中道
- 穿渡的勇氣
- 過橋

地點

東京都中央區的日本橋
全國各地橋梁
包括神社內池塘上的小橋

✲牌之物語

請拿出勇氣走過我。對岸有什麼等著你？就算你不知道，也要記得任何發生的事情都有意義。當你連結兩岸之後，請再回頭找我一趟，才能同時活在兩個世界中。

牌之奧義

日本的神社寺廟等聖地經常會設置小橋。橋會連結此岸與彼岸，這頭與那頭，所以我們過橋就會進入聖地。

伊耶那岐命、伊耶那美命*就是走過「天之浮橋」而抵達淤能碁呂島。橋是連結凡間與高天原的重要通道，所以橋上依附著神靈。

請鼓起勇氣過橋，從你現在認知的次元前往超越五覺、更加浩瀚的次元。探索未知領域或許令你害怕，認真注視更深層的自己或許也令你害怕。

但是別擔心，從你決定過橋的那時候起，大門已經敞開。請探索永恆不滅靈魂的可能性。

橋梁連結山谷的兩邊、河川的兩岸及相隔的兩地。橋的靈魂是一股能量，不

*編註：伊耶那岐命及伊耶那美命為兄妹，是日本神話裡神世七代的神明之一。

僅連結這個次元與更精妙的次元，還連結男性與女性、傲慢與謙遜、生與死，以及所有二元性的兩極。

當你抽到這張牌，表示或許你只體驗到某一邊的世界。如果你受限於「要做對的事」的規矩，請稍微放鬆心情，大膽體驗另外一頭的世界。如果你正拚命奮鬥爭取些什麼，請先停下來休息，靜靜守株待兔也好。

當你觀察過二元的兩面，請回到連結兩面的橋梁上。站在神聖的大拱橋上，再次俯瞰兩個世界。因爲你正要走上中道，不偏不倚的中庸之道。

橋的靈魂會連結兩岸，也會幫忙連結人際、連結事物，現在正是創造你自身網絡的絕佳時機。

眾神降臨的大地

主題

- 連結日本眾神
- 神聖的特別空間
- 消災解厄
- 珍惜肉眼看不見的事物

地點

座落全日本各地的神社與聖地

✲牌之物語

請邁開步伐，前往潔淨的地方。潔淨的地方會有神聖事物降臨。神聖事物有話要告訴神聖的你。請靜下心，感受神聖事物在何處呼喚你。你想去的地方，正是你該去的地方。

牌之奧義

日本眾神的能量與你的波長共鳴，日本神明們正向你伸出手。如果你有想去的神社，請務必去一趟。有時山峰與岩石也是神尊。

請到一個讓你覺得舒服的地方，坐下來、閉上眼，連結該地供奉的神明的能量。靈感會從天而降。或許是自問自答的形式，因爲肉眼看不見的事物會以各種形式傳遞訊息。如果你有重大的問題，正在尋找答案，那就請教神明吧。一切答案固然都在你心中，但神明會很樂意幫你連結你自己的智慧。

神道教把消災解厄的儀式看得比什麼都重要。人心中的心結、批評、自我否定都是污穢的能量，會讓人的氣枯竭。當你發現有這種能量，請用心驅除。神社準備了設備完善的神聖空間，會爲你打造中立而透明的意識。

當你去神社參拜的時候，請眞心敬重神明，取水淨身之後再祈求。而且務必要念一聲「彌榮（いやさか）」，以敬祝該處神明香火鼎盛。

在日本，有八百萬諸神坐鎮著，神社裡供奉的不只有神明，傳統上日本人認為一支小小的縫衣針也有精靈依附其中，所以要惜物愛物。請珍惜肉眼看不見的能量，以及寄宿在小東西裡面的能量。精靈必定會回應你的祈禱，這會讓你的日常生活過得更安穩。

有時神明們會呼喚你。如果你有自認非去不可的神社，通常是該處供奉的神明在呼喚你。而你也有任務，要將神明的能量連結到身邊眾人身上。

請先感謝住家附近的鎮守神、氏神、產土神*等神明吧！

*編註：鎮守神是日本神道中特定建築物或地域的守護神；氏神則是居住於同一聚落、地域之居民所共同祭祀的神道神祇；產土神則是土地的守護神。（以上參考維基百科）此三神的意義與華人世界中的土地公相近。

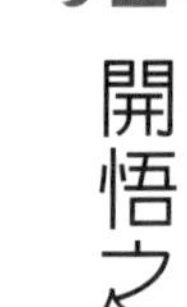

開悟之地

主題
- 覺醒
- 核心價值
- 發問的力量

地點
日本各地的寺廟佛堂

✲牌之物語

張開眼吧！從沉睡的潛意識之中醒來。佛陀正在與你交談。世界無比單純而美好，看來一分為二的，其實合而為一。只要看見真相，你就明白自己的自由。

牌之奧義

佛陀的力量正降臨於你。你是否追求開悟？是否由衷追求眞理，以及無拘無束的自由？如果是，成就的時機或許比你想像得更近許多。

開悟就是了解自己的一切，這是在你出生之前就註定的事情。請你要發問，問你自己是誰。

你眞正重視的價值觀是什麼？有沒有什麼事物的價值無比珍貴，要你放棄不如去死得好？

當你了解自己，也就明白了建構你本身的價值。當按照這個價值觀生活，你就是開悟了。

這張牌勸你用心過日常生活。不要腦袋空空地吃飯、說話、走路，要用心咀嚼，用心選字說話。

請前往你最愛的寺廟，看你最愛的佛像。如來、菩薩、明王，都會給你靈

感。

當你呼吸寺廟裡的清香，就更容易連結眾佛的能量。有機會請抄寫經書。開悟相當的神奇，你求開悟，就悟不到。

佛家有個故事，公主心愛的戒指不小心掉進院子裡的池塘，她立刻在池塘裡翻找，卻被汙泥遮蔽找不到。結果老和尚不去找，等池塘的水靜了，泥沉了，池底的戒指自然在陽光下閃耀。

不要想著去開悟，當你活得熱心助人，某天「時機」自然就來。

祈禱的聖地之島

主題

- 祈禱的力量
- 想著神過日子
- 感謝你住的土地

地點

齋場御嶽（沖繩縣南城市）
腰當森
拜神山（拝み山）

✲牌之物語

日積月累的祈禱，將匯聚為強大力量來保佑你。你走的路上有石子擋路，就移開石子；你有要求的心願，就為你實現。與神聖事物一同活著吧！

牌之奧義

南島各地都敬重神明，感謝神明，知名的祈禱地點包括御嶽（神山）、腰當森、拜神山等等。人們一大早就會打掃當地的御嶽，上山祭拜。

如果你現在有眞心要求的事情，必定會成眞。

祈禱必須要眞心誠意。這張牌勸你再次理解祈禱的力量。我們可以放手祈求神聖事物的幫助。只要我們誠懇堅定，這些超越肉體次元的事物，會引發令人瞠目結舌的奇蹟。

請相信祈禱具備強大的力量。當所有人心意合一共同祈禱，力量會超乎想像。

你是否每天誠心祈禱？還是只有碰到事情的時候，才想找神明幫忙？

請先注意在生活中隨時連結神聖的事物。

你要感覺精靈與神的能量就在身邊，在生活中經常感謝與祈禱。這會連結你自己神聖的部分。

請務必常去附近的寺廟和御嶽，在散步途中祈禱。並請珍惜那些庇佑你居住地的眾神與精靈們。

在附近的山頭和大樹，也能從中感受到神聖能量。因爲世界上充滿了神聖事物。

分御魂

主題
- 萬事ＯＫ
- 身心如一
- 清醒
- 了解自己

地點
你當前所在之處

✲牌之物語

我就是你體內的神。而我之中有大地，有天空，有萬物。你真正了解自己嗎？明白你與我之中的森林、湖泊、星辰嗎？你要在這個次元裡創造新世界。「不知道」三個字是詛咒，該是解咒重獲自由的時候了。

牌之奧義

分御魂牌是終極的ＯＫ牌。

分御魂是全能神，整合眾神、精靈、生命、大地等所有元素……，這張牌直接表達了你自己。

當你抽到這張牌，就是面臨心靈上的巨大轉折。比方說有扇完全不同方向的大門敞開，讓你看到完全不同的浩瀚景色。這種變化隨時都可能發生。

你問的問題，你自己有答案。

這張牌在說，你已經隱約明白自己的分御魂神有何本質。請了解，你自己已經清醒過來了。

「不知道」眞是非常方便的三個字，只要你一說「不知道」，心靈就會迅速蒙塵。當你負起責任感受自己的所有體驗，才會清醒過來。

當你乾脆地決定對自己的行爲與感情負全責，混亂的迷霧就會煙消雲散，現

出耀眼的太陽。

分御魂牌的能量，能夠破壞任何停滯的能量，創造活動。一切都會動起來。分御魂的「分」就是和氣，只要生命之氣和諧起來，就會誕生巨大能量。

請抬頭挺胸，放眼所有次元，下定決心親手創造自己的世界。

請開口大喊：「我是我。」內在的神就是你自己。

衆生系列　JP0160X

日本神諭占卜卡：來自衆神、精靈、生命與大地的訊息

（精裝書盒＋ 53 張日本神諭卡＋牌之奧義書＋卡牌收藏袋）

日本の神託カード：神々と精霊、いのちと大地からのメッセージ

作　　者／大野 百合子
繪　　圖／大野 舞（Denali）
監　　修／三橋 健（神道學博士）
譯　　者／歐凱寧
責任編輯／劉昱伶
內頁排版／歐陽碧智
封面設計／兩棵酸梅
業　　務／顏宏紋
印　　刷／韋懋實業有限公司

發 行 人／何飛鵬
事業群總經理／謝至平
總 編 輯／張嘉芳
出　　版／橡樹林文化
城邦文化事業股份有限公司
115 台北市南港區昆陽街 16 號 4 樓
電話：(02)2500-0888　傳眞：(02)2500-1951
發　　行／英屬蓋曼群島商家庭傳媒股份有限公司城邦分公司
115 台北市南港區昆陽街 16 號 8 樓
客服服務專線：(02)25007718；25001991
24 小時傳眞專線：(02)25001990；25001991
服務時間：週一至週五上午 09:30 ～ 12:00；下午 13:30 ～ 17:00
劃撥帳號：19863813　戶名：書虫股份有限公司
讀者服務信箱：service@readingclub.com.tw
香港發行所／城邦（香港）出版集團有限公司
香港九龍土瓜灣土瓜灣道 86 號順聯工業大廈 6 樓 A 室
電話：(852)25086231　傳眞：(852)25789337
Email: hkcite@biznetvigator.com
馬新發行所／城邦（馬新）出版集團【Cité (M) Sdn.Bhd. (458372 U)】
41, Jalan Radin Anum, Bandar Baru Sri Petaling,
57000 Kuala Lumpur, Malaysia.
電話：(603) 90563833　傳眞：(603) 90576622
Email：services@cite.my

初版一刷／ 2019 年 7 月
二版二刷／ 2024 年 9 月
ISBN ／ 978-626-7219-11-9
定價／ 799 元

城邦讀書花園
www.cite.com.tw

國家圖書館出版品預行編目（CIP）資料

日本神諭占卜卡：來自衆神、精靈、生命與大地的訊息 / 大野百合子著；歐凱寧譯. -- 二版. -- 臺北市：橡樹林文化，城邦文化事業股份有限公司出版：英屬蓋曼群島商家庭傳媒股份有限公司城邦分公司發行, 2023.01
面； 公分. --（衆生系列；JP0160X）
譯自：日本の神託カード：神々と精霊、いのちと大地からのメッセージ
ISBN 978-626-7219-11-9（平裝）

1. 占卜

292.96　　111019774

廣　告　回　函
北區郵政管理局登記證
北 台 字 第 10158 號

郵資已付　免貼郵票

115 台北市南港區昆陽街 16 號 4 樓

城邦文化事業股份有限公司
橡樹林出版事業部　收

請沿虛線剪下對折裝訂寄回，謝謝！

|橡|樹|林|

書名：日本神諭占卜卡：來自眾神、精靈、生命與大地的訊息
書號：JP0160X

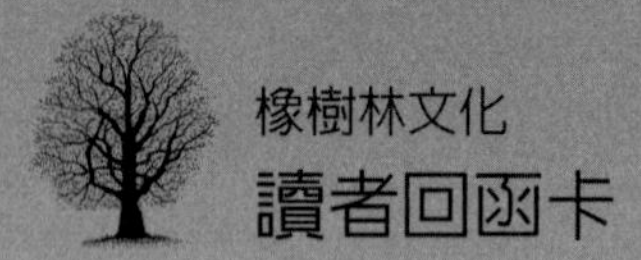

橡樹林文化

讀者回函卡

感謝您對橡樹林出版社之支持，請將您的建議提供給我們參考與改進；請別忘了給我們一些鼓勵，我們會更加努力，出版好書與您結緣。

姓名：________________ □女 □男 生日：西元__________年

Email：____

● 您從何處知道此書？

□書店 □書訊 □書評 □報紙 □廣播 □網路 □廣告 DM

□親友介紹 □橡樹林電子報 □其他______________

● 您以何種方式購買本書？

□誠品書店 □誠品網路書店 □金石堂書店 □金石堂網路書店

□博客來網路書店 □其他____________

● 您希望我們未來出版哪一種主題的書？（可複選）

□佛法生活應用 □教理 □實修法門介紹 □大師開示 □大師傳記

□佛教圖解百科 □其他______________

● 您對本書的建議：

____

____

____

非常感謝您提供基本資料，基於行銷及客戶管理或其他合於營業登記項目或章程所定業務需要之目的，家庭傳媒集團（即英屬蓋曼群商家庭傳媒股分有限公司城邦分公司、城邦文化事業股分有限公司、書虫股分有限公司、墨刻出版股分有限公司、城邦原創股分有限公司）於本集團之營運期間及地區內，將不定期以MAIL訊息發送方式，利用您的個人資料於提供讀者產品相關之消費與活動訊息，如您有依照個資法第三條或其他需服務之務，得致電本公司客服。

我已經完全了解左述內容，並同意本人資料依上述範圍內使用。

____________________（簽名）